監修者——加藤友康／五味文彦／鈴木淳／高埜利彦

［カバー表写真］
品川港を出帆し仙台へ向かう旧幕海軍
（『麦叢録附図』）

［カバー裏写真］
箱館湾で朝陽を砲撃する旧幕海軍の蟠龍
（『麦叢録附図』）

［扉写真］
土方歳三（左）と榎本武揚

日本史リブレット人068

土方歳三と榎本武揚

幕臣たちの戊辰・箱館戦争

Miyachi Masato
宮地正人

目次

江戸開城の構図はいかなるものだったか

勝海舟《かつかいしゅう》は一八六八(慶応《けいおう》四)年五月十五日の彰義隊《しょうぎたい》壊滅から六日後の二十一日、榎本武揚の来書に、「大廈《たいか》の仆《たおる》る、一木の支ゆる所にあらず、信成る哉」と苦渋の思いを吐露する返書を送った。ただし新政府軍への江戸城《えどじょう》引渡し当日四月十一日の彼の日記には、「八日夜より本日夜迄、四方へ奔走、一朝不測の変あらば、官軍《かんぐん》へ駈入、其罪を一身に乞《こ》はんと決意す、幸に無事成るは天か命か」と記し、無事開城を天佑《てんゆう》と感じてもいた。大政奉還《たいせいほうかん》をあえて断行したにもかかわらず、一八六七(慶応三)年十二月九日、薩藩《さっぱん》は幼帝を挟《わきばさ》み王政復古《おうせいふっこ》を宣言、非道に政権を横奪したとの旧幕臣《ばくしん》の憤激は十二月二十五日の江戸薩摩藩邸焼打ちに発展した。さらにそれは前将軍徳川慶喜《とくがわよしのぶ》執筆の「討薩の表」を奉じての、六

▼**大廈**…… 国家の倒れようとする時は、一人の力で支えることはできないとの意味。中国の成語の「大廈のまさに顚《たお》れんとするや、一木の支ゆる所に非ざる也」によったものである。

▼**「討薩の表」** 「臣慶喜謹んで去月九日以来の御事体を恐察奉り候えば、一々朝廷《ちょうてい》の御真意にこれ無く、全く松平修理大夫《まつだいらしゅりのだいぶ》(島津忠義《しまづただよし》)奸臣《かんしん》共陰謀より出候は天下の共に知る所云々」と述べ、別紙にその罪状を列挙し、奸臣どもの引渡しを要求した上奏文《じょうそうぶん》である。別紙の第一条は、「大事件、衆議を尽すと仰出でらるる処、去月九日、突然非常御改革を口実に致し、幼帝を侮《あなど》り奉り、諸般の御所置、私論を主張候事」となっている。

八年一月三日、旧幕・会津《あいづ》・桑名《くわな》以下譜代《ふだい》諸藩軍の大兵上京を引き起こし、一月三日から六日の鳥羽《とば》・伏見《ふしみ》戦争での旧幕軍側の完敗は二六〇余年も存続し続けた徳川幕府《ばくふ》という国家をあまりにもあっけなく文字どおり「瓦解」させてしまった。しかも敗北した旧幕兵たちは陸海両路を経由し薩長《さっちょう》憎悪の忿怒《ふんぬ》をかかえたまま、江戸に再結集するのである。

他方、東征大総督《とうせいだいそうとく》有栖川《ありすがわ》熾仁親王《たるひとしんのう》が参謀西郷隆盛《さいごうたかもり》以下薩長をはじめとする諸藩の大兵を率いて出京するのが二月十五日、賊軍首魁《しゅかい》▲徳川慶喜をはじめとする旧幕軍事力の壊滅を期し、江戸総攻撃の期日を三月十五日と設定、東海《とうかい》・東《とう》山《さん》・北陸《ほくりく》三道から関東と江戸とをめざし、満を持して東進を開始する。

旧国家幕府の解体にいかに対処するのか、本書においては、旧幕陸軍動向の指標として新選組《しんせんぐみ》の土方歳三(一八三五~六九)を、旧幕海軍動向の指標として榎本武揚(一八三六~一九〇八)に焦点をあわせながら、恭順派筆頭旗本《はたもと》の勝海舟を対極におきつつ、立体的・構造的に見ていくこととしよう。

▼**賊軍首魁**　一八六八(慶応四)年一月七日に発せられた徳川慶喜追討令においては、「豈図《あにはから》んや、大坂城え引取候は素《もと》よりの詐謀にて、去る三日、麾下《きか》の者を引率し、剰《あまつさ》え前《さき》に御暇遣わされ候会桑《かいそう》等を先鋒とし、闕下《けっか》を犯し奉り候勢、現在彼より兵端を開き候上は、慶喜反状明白、始終朝廷を欺き奉り候段、大逆無道、最早《もはや》朝廷においても御宥恕の道も絶え果て、やむを得らせられず、追討仰付けられ候」と、賊徒首魁とされてしまったのである。

①――鳥羽・伏見戦争時にいたる土方と榎本

幕末期両者の軌跡

　土方歳三は一八三五(天保《てんぽう》六)年、武州《ぶしゅう》多摩《たま》郡石田《いしだ》村の豪農土方隼人《はやと》家の四男に生まれ、家伝薬の行商などをしながら、天然理心流《てんねんりしんりゅう》四代目、試衛館《しえいかん》道場主近藤勇《こんどういさみ》の高弟となった。そして一八六三(文久《ぶんきゅう》三)年二月、勇以下試衛館の仲間とともに、上洛《じょうらく》する十四代将軍家茂《いえもち》身辺警固を目的とする尽忠報国《じんちゅうほうこく》▲の浪《ろう》士組《しぐみ》の一員として上京、京都守護職《しゅごしょく》預りの壬生《みぶ》浪士組・新選組《しんせんぐみ》の副長として隊の維持・拡大に腐心し続ける。さらに「御威光」の一言だけで万事がかたづいた平常幕政《ばくせい》期回帰を志向する江戸幕閣《えどばっかく》を押さえつつ、禁裏守衛《きんりしゅえい》総督一橋慶《ひとつばしよし》喜《のぶ》・京都守護職松平容保《まつだいらかたもり》・京都所司代《しょしだい》松平定敬《さだあき》の一会桑《いっかいそう》グループが媒介する朝幕《ちょうばく》結合のなかでのみ幕府《ばくふ》存続の道があると奮闘する隊長近藤勇を、裏方役としてしっかりと支えていく。

　この京都政局の複雑な渦中で、土方は慶喜の腹心旗本永井尚志《はたもとながいなおゆき》、会津《あいづ》藩公用人外島機兵衛《とじまきへえ》・諏訪常吉《すわつねきち》▲・手代木直右衛門《てしろきすぐえもん》、桑名《くわな》藩公用人森弥一左衛門《もりやいちざえもん》▲・松浦《まつうら》

▼**尽忠報国**　将軍上洛に際し身辺警固の任にあたるべき草莽《そうもう》の志士たちをつのる際、「民間の浪人、市井《しせい》の処士中にも尽忠報国の有志」云々との文言が用いられた。「尽忠報国」の四文字は南宋《なんそう》の忠義の武将岳飛《がくひ》が背中にいれずみをしていたと伝えられている由緒をもつ成語である。

▼**諏訪常吉**　会津藩士。奥羽越《おううえつ》列藩同盟《れっぱんどうめい》の白石《しろいし》に開設された公議府への会藩会議人の一人。籠城中の若松《わかまつ》に帰還不可能となり、蝦夷《えぞ》地《ち》で会津藩遊撃隊を編成、一八六九(明治二)年四月二十九日、福山《ふくやま》で重傷をおい、五月十六日死亡。

▼**森弥一左衛門**　松平定敬は越《えち》後《ご》柏崎《かしわざき》に赴くにあたり、森に江戸藩邸の残務整理を託した。森は処理後上野《うえの》戦争に参戦、敗北後外国船で塩釜《しおがま》に上陸、九月初旬福島にて定敬と再会、桑名勢本隊は庄《しょう》内《ない》、定敬に従う森らは蝦夷地行きとなり、森らは新選組に加入する。

秀八《ひではち》▲・立見鑒三郎《たつみこうざぶろう》▲などと交友し、元来の剣術の腕、胆力の強さに加え、幕府—諸藩間の政治面でも、その優れた感覚にみがきをかけていった。一会桑路線の延長線上での慶喜の朝幕融合京坂《けいはん》政権樹立の方向を根底から顚覆させてしまった王政復古《おうせいふっこ》政権を政権簒奪の私権力だと断ずる念は、彼から拭い去ることは不可能となる。

他方、榎本武揚は旗本榎本円兵衛《えんべえ》武規《たけのり》の次男として一八三六(天保七)年に生まれた。彼の父親はもとは備後《びんご》安那《やすな》郡箱田《はこた》村郷士《ごうし》細川《ほそかわ》園《その》右衛門《えもん》の次男、出府して文化《ぶんか》年間(一八〇四〜一八)に伊能忠敬《いのうただたか》の筆頭内弟子となり天文《てんもん》・測量・数学に上達して伊能図作成に貢献、一八一八(文政《ぶんせい》元)年旗本榎本家の株を買い、その娘の夫として養子に入り、天文方から西丸御徒目付《にしのまるおかちめつけ》に取り立てられ、その後御本丸《ごほんまる》勤務となり十二代将軍家慶《いえよし》の覚えもめでたく、徳川家への忠誠心を深めていった人物だった。

武揚も父譲りの蘭学《らんがく》・理数系に抜群の才能があり、しかも幕府軍事力強化の必要性を痛感、一八五六(安政《あんせい》三)年四月、長崎海軍伝習所▲に第二回生として入り、主として蒸気機関や機械製造を習得、またオランダ医官ポンペから化学を

▼**松浦秀八**　一八三〇〜一九〇六。桑名藩士。鳥羽・伏見戦争で闘い、江戸にくだり、宇都宮《うつのみや》・柏崎・会津に転戦、庄内で降伏、のち桑名藩小参事《しょうさんじ》となり、廃藩後は実業界に投じた。

▼**立見鑒三郎**　一八四五〜一九〇七。桑名藩士。鳥羽・伏見戦争で闘い、江戸にくだり、宇都宮・柏崎・会津に転戦。庄内で降伏、のち桑名藩権《ごん》少参事、日露《にちろ》戦争には第八師団長として出征した。

▼**長崎海軍伝習所**　幕府が一八五五(安政二)年、オランダ人教官より西洋銃砲術・航海術・海軍関連諸技術を幕臣《ばくしん》に授けさせるため、長崎奉行所に開設した教練機関。一八五九(安政六)年四月に閉鎖。

▼**築地軍艦操練所**　一八五七(安政四)年、築地講武所に併設された幕府海軍調練機関。長崎海軍伝習所修業生を教授方に採用、測量術・算術・造船学・砲術・操船

調練などを伝授。一八六六(慶応二)年海軍所と改称。

▼**沢太郎左衛門**　一八三四〜九八。幕臣。一八五七(安政四)年第三回長崎海軍伝習生となる。一八六〇(万延《まんえん》元)年軍艦操練所教授方手伝出役、六二(文久二)年オランダに留学。箱館《はこだて》戦争での中心メンバーの一人となったが、赦免後は海軍教官として日本海軍の発展に尽力した。

▼**赤松大三郎**　一八四一〜一九二〇。大三郎の実父は商人。一八五七(安政四)年蕃書調所《ばんしょしらべしょ》につとめ幕臣となり、長崎海軍伝習所に入る。一八六〇(万延元)年の咸臨丸太平洋横断航海に参加、六二(文久二)年にはオランダに留学、駿府《すんぷ》移住に従って沼津《ぬまづ》兵学校教授となり、七〇(明治三)年には兵部《ひょうぶ》省に出仕、のち男爵《だんしゃく》・海軍中将となった。彼の娘は森鷗外《もりおうがい》と結婚。一子を産んだが離婚している。

学び高等軍事技術者としての能力にみがきをかけ、五八(同五)年六月江戸に戻り、築地《つきじ》軍艦操練所▲の教授方出役《しゅつやく》となった。幕府は幕府海軍の力量を充実させるため、一八六二(文久二)年六月にオランダに留学生を派遣するが、その選にあたったのが長崎海軍伝習所同窓の榎本武揚・沢太郎左衛門《さわたろうざえもん》▲・赤松大三郎《あかまつだいざぶろう》▲・田口俊平《たぐちしゅんぺい》▲・内田恒次郎《うちだつねじろう》▲の五人だったのである。榎本はオランダで最先端の海軍技術を学ぶ一方、幕府がオランダに発注していた最新式軍艦の建造工事を赤松大三郎とともに監督する責任者となり、軍艦開陽《かいよう》▲の竣工とともに、一八六六(慶応《けいおう》二)年十月、沢・田口・内田と乗り込み、翌三年三月横浜《よこはま》港に到着、五月オランダからの引渡しが完了するや、軍艦奉行《ぶぎょう》勝海舟《かつかいしゅう》は榎本を開陽艦長に任命、ここに榎本は幕府海軍の実質的最高責任者となった。

彼は幕府という国家での最優秀の海軍軍人として、また西洋留学を果たしたミリタリー・エンジニアとして颯爽《さっそう》として登場する。彼の長崎以来の目的は幕府が近代国家として不可欠の海軍建設指導者となることだった。なお榎本は帰国直後、医学修業のため一緒にオランダに留学した林研海《はやしけんかい》(幕医林洞海《どうかい》の息子)の妹たつと結婚する。

鳥羽・伏見戦争時の土方

一八六七(慶応三)年十月十四日の大政奉還《たいせいほうかん》より先への事態の進展は、近藤勇・土方歳三の新選組にとってはけっして許すことのできないものとなった。長州《ちょうしゅう》征討の完敗後、有能な在京武装集団の新選組はこの年六月、幕政《ばくせい》大改革の一環として会津藩預りから幕府直轄部隊となり、近藤は旗本身分に抜擢された。大政奉還直前に土方は隊員徴募のため江戸にくだり、入京するのは十一月三日のこととなった。他方、情報蒐集《しゅうしゅう》のためには分派したほうがいいとの理由で伊東甲子太郎《いとうかしたろう》▲グループはこの年三月御陵衛士隊《ごりょうえじたい》として独立し、奉還後は薩長《さっちょう》勢力と連携しながら政局をより前進させようとした。この動きを察知した新選組は十一月十八日深夜、京都七条油小路《しちじょうあぶらのこうじ》で伊東を殺害する。

だが事態は十二月九日の王政復古クーデタにより、さらに深刻なものとなってきた。京都での激突を回避するため、慶喜は二条城《にじょうじょう》に結集する旧幕・譜代《ふだい》諸藩大兵を十二日、みずからが率いて大坂にくだるも、対薩強硬派は軍事的対決の意を固めるようになり、その結果、新選組は伏見鎮撫《ふしみちんぶ》として十二月十六日、伏見奉行所に移動、しかし十八日、京から戻る途中の近藤勇は奉行所近辺にお

▼田口俊平　一八一八〜六七。医師の末子で長崎で蘭方《らんぽう》を学び、のち尾張《おわり》藩の洋式兵練所に入った。一八五七(安政四)年長崎海軍伝習所第三回生、ついで軍艦操練所教授。開陽艦で帰国後まもなく病死した。

▼内田恒次郎　一八三八〜七六。幕臣。一八五七(安政四)年長崎海軍伝習所に第三回生として派遣され、江戸帰府後は軍艦操練所教授方手伝《てつだい》出役となる。一八六二(文久二)年オランダに留学、主としてハーグで海軍の勉強をした。維新《いしん》後は新政府に出仕し、主として文部省官員として活躍、『輿地誌《よちし》略《りゃく》』など優れた地誌を編纂している。

▼開陽　スクリュー式三本マスト、排水量二八一七トン、装砲二六門、定員四〇〇人。

▼伊東甲子太郎　一八三五～六七。常陸《ひたち》志筑《しづき》の大身《たいしん》旗本本堂家《ほんどうけ》元家臣《かしん》。一八六四(元治元)年十月、江戸で新選組に加入。一八六七(慶応三)年三月新選組から分離して御陵衛士隊を結成。十一月十八日深夜、京都七条油小路にて新選組に殺害される。

▼大原重徳　一八〇一～七九。公家。一八六二(文久二)年五月、島津久光《ひさみつ》とその兵に守られて江戸に下向《げこう》、安政大獄で処罰された福井前藩主松平春嶽《しゅんがく》を大老《たいろう》に、一橋家前当主一橋慶喜を将軍後見《こうけん》職《しょく》にすべし、との勅命《ちょくめい》を伝えた。

▼文久改革　一八六二(文久二)年六月、勅使大原重徳の伝達した勅旨を奉じ、幕府はそれまでの無勅許開港路線を違勅《いちょく》の行為とし、将軍上洛、参勤交代《さんきんこうたい》の大幅緩和、井伊派処分、幕府軍制の変革に取りかかった。

いて御陵衛士隊の者に狙撃され肩に重傷をおい、治療のため大坂にくだり、そのため土方が新選組の指揮者となった。

　王政復古クーデタの報を聞いた勝海舟は、瞬時に禁門《きんもん》の変《へん》によって朝敵《ちょうてき》とされ、官軍《かんぐん》追討の対象となった長州藩の面従腹背の柔軟きわまりない対応の数々を想起したはずである。叡慮《えいりょ》というものは、将軍の上意《じょうい》と同じく、何物も阻止しえない力で機能しうる。井伊直弼《いいなおすけ》政権によって閑職に追いやられていた勝を一挙に軍艦奉行並《なみ》に抜擢させたものが、勅使《ちょくし》大原重徳《おおはらしげとみ》▲が幕府に押しつけた叡慮の一言によって実現された文久改革▲だったのである。朝旨《ちょうし》遵奉の形をとりつつ、あくまで忍耐を貫き、自重を重ね、相手のすきを突き、相手の疲労・疲弊と暴発を創りだすほかない。この至難の課題を長州の木戸孝允《きどたかよし》を代表とする武備恭順派指導部は統一し団結しつつみごとにやりとげ、四境戦争に完勝し、さらに薩摩《さつま》と同盟して王政復古までも実現してしまった。だがわが江戸幕閣にそれは可能か？

　勝はその政治的視野を、幕府にとってはもっとも苦境に追い込まれた奉勅《ほうちょく》攘夷《じょうい》期の軍艦奉行並・軍艦奉行時(一八六二〈文久二〉年閏《うるう》八月～六四〈元治元〉年十一月)に大きく拡大した。財政上からも人材上からも、そして日本全体の外圧に抗する力量形成からも、諸藩を敵視し幕府単独に郡県的国家▲の方向にもっていくのではなく、薩長も含んだ諸藩と幕府のイニシアティヴのもとに協力し、合意をかちとりながら日本統一の方向に漸次的にもっていかなければならないとの確信を彼はそこでいだくようになる。しかしこの薩長を含んだ諸藩の俊英たちとの分け隔てないネットワーク作りこそが、慶喜をはじめとする一会桑グループと幕閣から強い嫌疑をかけられる原因となり、禁門の変▲直後ならびに長州との休戦交渉直後の二度にわたり江戸に追い返され、前者の際には「切腹《せっぷく》の命くだるか」との思いすら彼にいだかせたのだった。

だからこそ、江戸と関東での攪乱工作の震源地となっている江戸薩摩屋敷を焼打ちする計画を中止するよう強く諫め、老中《ろうじゅう》松平康英《やすひで》から「老中の其の任に堪へずと云ふは上様《うえさま》を蔑《ないがしろ》にするに当」る▲、謹慎すべしと叱責される。勝にしてみれば、この見通しのない怒りにまかせた戦闘行為が、一触即発の危機水準に達している京坂の軍事対決状態を爆発させ取返しのつかない事態に旧幕府をおとしいれることは自明の理だった。

▼**郡県的国家**　第二次長州征討時、幕臣の小栗忠順《おぐりただまさ》や小野友五郎たちはフランスの軍艦と資金を借り、長州の次には薩摩を倒しフランス式の郡県制度を実現しようと主張していた。

▼**禁門の変**　一八六三(文久三)年八月十八日クーデタで京都から一掃された長州藩勢は、連合艦隊下関《しものせき》襲撃より前に政治態勢をクーデタ以前に引き戻すべく、勅命を無視、六四(元治元)年七月十九日京都市中に突入、完敗し、逆に朝敵とされるのである。

▼**松平康英しかりの言葉**　一八六七(慶応三)年十二月二十三日、老中が薩邸焼打ちを決定したことに抗議し、「老中にて斯様《かよう》の評議を為すとは甚だ其意を得ざることなり、老中の任にあらず」と勝が諫めたことへの叱責である。

一月三日夕刻、鳥羽《とば》街道での砲声はただちに伏見奉行所を東と北から包囲していた薩長軍と旧幕軍との激戦を開始させた。ただし西から奉行所を包囲していた土佐《とさ》藩兵は山内容堂《やまうちようどう》▲の厳命に従って参戦せず、薩長両藩との歴史的格差をこの一瞬にみずからの身に刻印してしまったのである。土方が指揮する新選組は、白刃突撃を敢行するも失敗、奉行所は砲火のなかに焼失、四日、新選組は後退しつつ鳥羽街道で闘い、五日には淀堤《よどつつみ》の千両松《せんりょうまつ》で激戦した。しかし老中稲葉正邦《いなばまさくに》を出している淀藩の淀城は城門を固く閉ざして旧幕・諸藩軍の入城を拒み、六日、態勢を立て直し淀川南岸の橋本《はしもと》で抗戦するも、前日に新政府軍に帰順した山崎《やまざき》関門守衛の伊勢津《いせつ》の藤堂《とうどう》藩が対岸陣営から猛砲撃を加えるにおよび、ついに土方の新選組を含む旧幕軍、会津藩・桑名藩をはじめとする譜代諸藩軍は潰走、大坂城に撤退した。新選組はこの闘いのなかで二三人もが戦死する。負傷した多くの隊員を含む新選組の面々は順動《じゅんどう》丸と富士山《ふじやま》丸に分乗して十二日と十五日に品川《しながわ》に帰着、大坂にとどまっていた近藤勇と沖田総司《おきたそうじ》(結核で動けなかった)は富士山丸に収容され、帰府後は幕府奥医師頭松本良順《まつもとりょうじゅん》▲のもとで治療を受けることとなった。

▼山内容堂　一八二七〜七二。土佐藩主。一八五九(安政六)年二月、有志大名の活動をもって隠居処分を受けた。一八六二(文久二)年以降は公武《こうぶ》間融和に動き、王政復古直後、薩摩の急進論に対立、尾張・越前と協力、慶喜救解に全力をつくした。

▼松本良順　一八三二〜一九〇七。佐倉《さくら》藩医佐藤泰然《さとうたいぜん》二男。幕医松本良甫《りょうほ》の養子となり、長崎でポンペに西洋医術を学び、一八六二(文久二)年帰府、翌年西洋医学所頭取に任命され、家茂・慶喜二代の侍医をつとめた。新選組の近藤勇や土方歳三とも親しく、彼らの活動を支持し続けた。幕府倒壊に際しては会津に赴き、医療活動を続けた。軽い処分の後は山県有《やまがたあり》朋《とも》に見込まれ、陸軍軍医総監として陸軍医務行政の総責任者となって活動する。

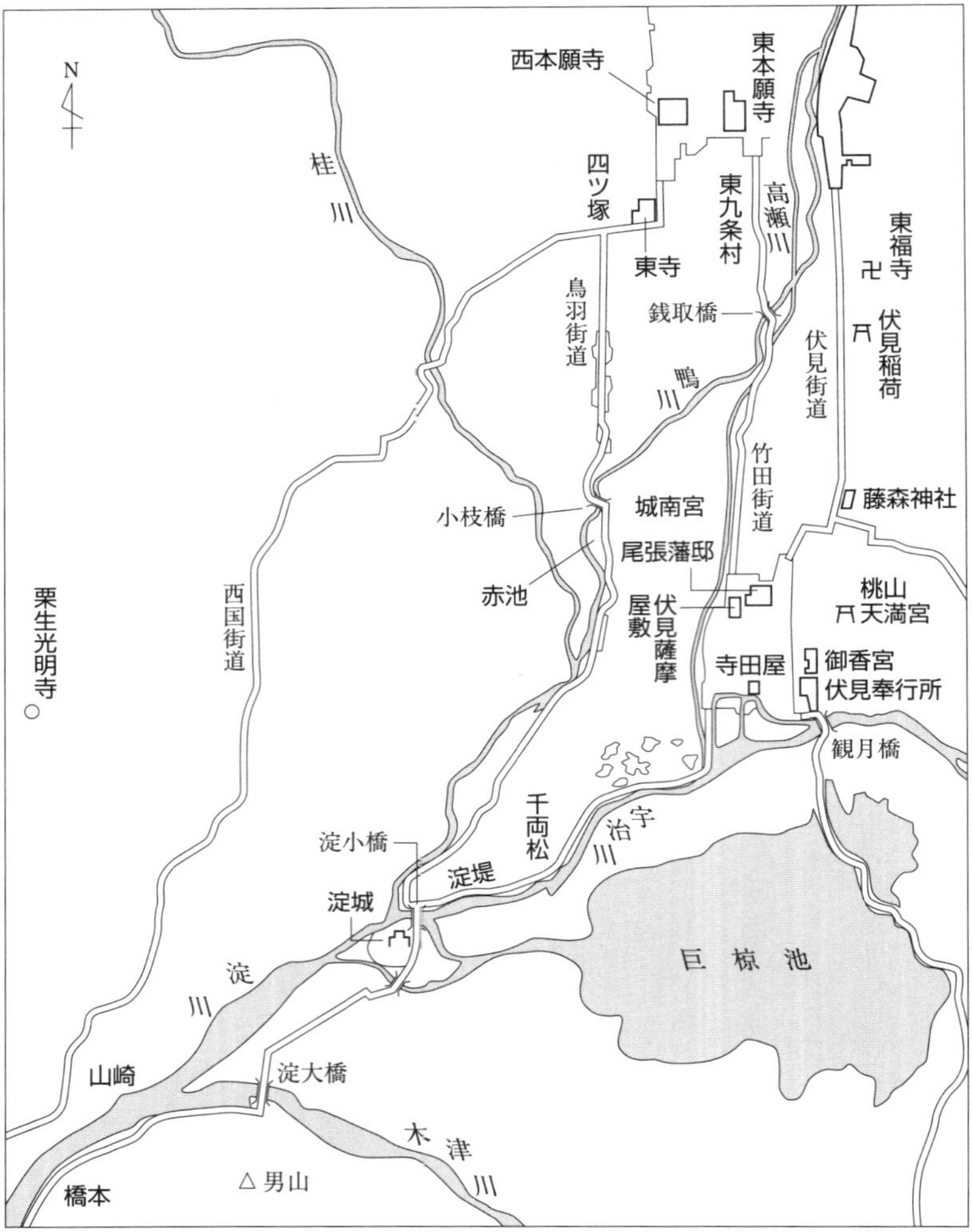

鳥羽・伏見合戦関係地図（松浦玲『新選組』岩波新書より）

▼**翔鳳丸**　翔鳳丸艦長白石弥左《しらいしやざ》衛門《えもん》は十二月二十五日の薩邸焼打ち事件で戦死し、次席の伊地知八郎が責任者となった。同艦には江戸藩邸のもろもろの重器ならびに江戸薩摩藩主菩提寺高輪大円寺《たかなわだいえんじ》が守ってきた歴代の「御位牌」が収納されていたのである。

ところで、鳥羽・伏見戦争以前、すでに海戦が勃発していたのである。薩邸焼打ち当日脱出した浪士たちは、品川から漁船で停泊中の薩藩船翔鳳《しょうほう》丸▲に搭乗、幕艦回天《かいてん》と咸臨《かんりん》丸（ただし修理のため機関取外し）からの砲撃を切りぬけ、大破したまま一月二日兵庫港に入港、浪士たちは大坂行きの商人船に乗りかえて上陸する。

鳥羽・伏見戦争時の榎本

さて大政奉還後、幕府は陸軍を上坂させ続けるのみならず海軍も大坂湾に集結させており、奉還以前より開陽を指揮して大坂湾に滞在し続ける榎本指揮のもと、開陽・蟠龍《ばんりゅう》・富士山・翔鶴《しょうかく》の四隻（翔鶴は輸送船）が兵庫港に停泊していた。榎本自身は十二月には二条城に詰めており、十二月九日夜の慶喜との評議にも参加、十三日には事態報知のため開陽に戻ってくる。そして十二月二十五日、江戸薩摩藩邸焼打ちの報は早くも二十八日には大坂に達するのである。

兵庫港には年末より薩藩艦春日《かすが》と平運《へいうん》丸が停泊しており、元日、平運丸が脱出を試みるも開陽・蟠龍二艦に砲撃されて兵庫港に引き戻され、薩藩は抗議するも、榎本は「すでに江戸で幕薩間に戦争が発生、したがって平運丸への砲撃は徳川《とくがわ》家対島津《しまづ》家の敵対行動だ」と突き離していた。そこへ大破した翔鳳丸の入港である。一月三日未明、春日は翔鳳丸を曳航、平運丸と航路を異にして紀《き》淡《たん》海峡を南下、開陽は春日を追跡、やむなく春日は翔鳳丸を切り離し、一六ノットの高速を生かして一二ノットの開陽の追尾をなんとか切りぬけ、一月六日、平運丸とともに鹿児島に戻る。だが翔鳳丸は追いつめられて逃走不可能と船を阿波由岐《あわゆき》浦で自焼、五〇余名の乗組員たちは上陸し、六日高知、十四日宇和島《うわじま》経由で一月二十七日に鹿児島に戻った。しかし次席艦長の伊地知八郎《いじちはちろう》は責任をとって帰国後自刃するのである。

　鳥羽・伏見戦争の完敗に衝撃を受けた慶喜は会・桑二藩主ほかごく少数の幕閣・有司《ゆうし》と共に、六日夜大坂城を脱出、七日朝開陽にたどりつき、八日副長の沢太郎左衛門に艦長代行を命じて江戸に出帆させ、十一日に品川沖に到着した。大坂城に取り残された榎本武揚は勘定《かんじょう》奉行並小野友五郎《おのともごろう》▲と協力して城内の軍用金古金一八万両を順動丸(一月六日兵庫に入港)と翔鶴丸に分載させて江戸に運び、自身は十二日富士山丸に搭乗して大坂を発し、十五日品川沖に到着する。

▼**小野友五郎**　一八一七〜九八。笠間《かさま》藩士。のち幕臣。一八五五(安政二)年、第一回海軍伝習生として長崎に留学、六〇(万延元)年には咸臨丸太平洋横断航海に参加、翌年には幕臣に召され、小栗上野介《こうずけのすけ》と共に幕府絶対主義化の主唱者の中心人物となる。維新後は短期間仕官したが引退し、製塩改良事業に専念した。

開陽丸

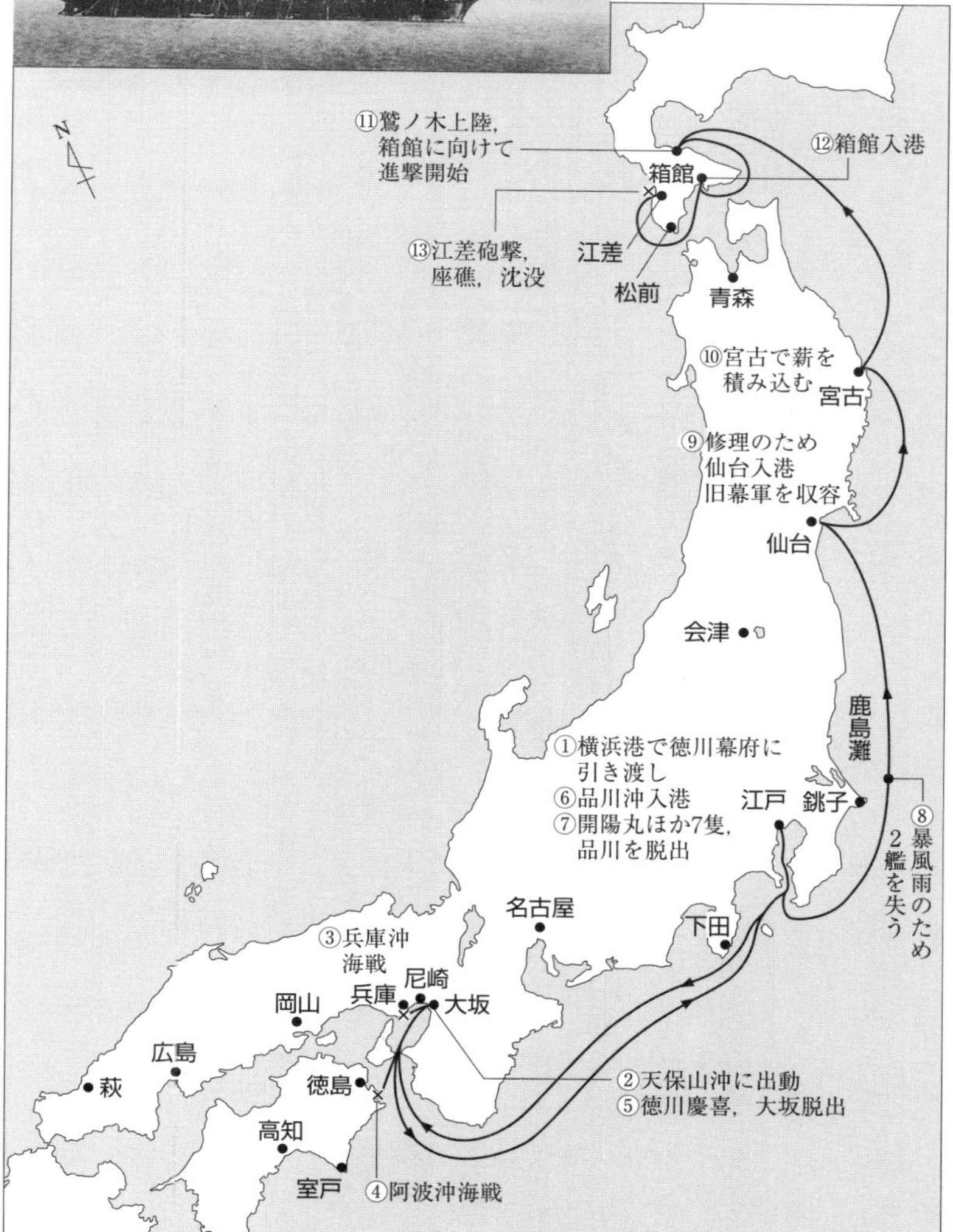

開陽丸の国内経路(江差町教育委員会・開陽丸発掘調査委員会『よみがえる幕末の軍艦　開陽丸』より，一部加筆)

徳川慶喜

▼小原鉄心　一八一七〜七二。大垣藩家老。一八五〇(嘉永《かえい》三)年からの藩政改革を主導した。一八六七(慶応三)年末、王政復古とともに参与に選任され、鳥羽・伏見戦争で徳川側に立って参戦した大垣藩兵の救解のため奔走、東山道軍先鋒として活躍させた。維新後は藩大参事となった。

②—旧国家幕府解体の諸問題

勝海舟におわされた課題

徳川慶喜《とくがわよしのぶ》は東帰直後の段階では、まだ態勢立直しは可能だとみていた。鳥《と》羽《ば》・伏見《ふしみ》戦争でのあれほどの急激な戦線崩壊が理解できなかったと思われる。幕府《ばくふ》海軍責任者として一八六七(慶応《けいおう》三)年十二月九日夜、二条城《にじょうじょう》の大評議の場で意見を開陳した榎本も、「会津《あいづ》・桑名《くわな》・大垣《おおがき》・加賀《かが》・紀州《きしゅう》・藤堂《とうどう》・松山《まつやま》・井伊《いい》の大小名《だいしょうみょう》は渾《すべ》て我徳川氏に忠を尽し力を尽し候事、実にたのも敷《し》き事」と確信していた。しかし、一八六八(慶応四)年一月三日よりの戦闘では紀州・加賀・井伊はまったく動かず、藤堂は五日には新政府側に転じ、譜代《ふだい》の大垣は小《お》原鉄心《はらてっしん》▲の尽力で戦争直後より忠実な新政府軍の一員として活動することとなる。それにも増して慶喜の気持ちを沮喪《そそう》させたものは西国《さいごく》譜代諸藩のあまりにも早い新政府への屈服・帰順だった。伊予《いよ》松山藩も含め何一つの抵抗すら発生しなかった。長州《ちょうしゅう》征討での幕軍完敗は、西国諸藩全体に旧国家幕府にかわる朝廷《ちょうてい》を根軸とした統一国家形成の必要性を認識させていたのである。

さらに徳川幕府にとっての東海《とうかい》の軍事拠点で三親藩《さんしんぱん》筆頭の尾張《おわり》藩は、親幕派とにらんだ重臣たちを「上意《じょうい》」の名のもとに殺害（「青松葉事件《あおまつばじけん》▲」）、なんと新政府軍の先陣に立ちあらわれた。一月三日以前のように「辞官《じかん》・納地《のうち》▲」で争う段階どころではなく、朝敵《ちょうてき》追討の「官軍」大兵を差し向けられ、「朝廷を欺き奉り候段大逆無道、最早《もはや》朝廷に於て御宥恕《ゆうじょ》の道絶え果て」てしまった者と罪名をつけられる身になりはてた。なんとしても自分の代で徳川宗家《そうけ》を断絶させてはならない、慶喜のこの思いがついに一月二十三日、あれほどきらっていた勝海舟《かつかいしゅう》に涙を流して頭をさげ、新政府に主君絶対恭順の姿勢を訴え、なんとか宗家存続を実現させてくれるよう懇請することとなる。勝の薩長《さっちょう》はじめ諸藩有志との分け隔てない交友という幕臣《ばくしん》としては希有なあり方が、嫌疑の原因から宗家救解の「頼みの綱」に急転するのである。

　勝としては将軍イニシアティヴのもと諸藩の融合・統合という方向で将来を考えていた以上、大政奉還《たいせいほうかん》後は慶喜の賢明な政治行動に期待するしかなかったにしろ、事ここにいたれば、幕府の「死に水」をとるほかなくなった。彼の判断のもっとも深いところには、幕府は決定的に人材が欠乏しているとの冷徹な認

▼青松葉事件　一八六七（慶応三）年十月以来上京していた尾張藩前藩主徳川慶勝《よしかつ》は、翌六八（慶応四）年一月二十日、名古屋入りし、年寄渡辺新左衛門《わたなべしんざえもん》ら三人の重臣を斬首、その他二十五日までに一一人を切腹させ、有無をいわせない粛清により親幕《しんばく》派尾藩の方向性を決定した。新左衛門の屋敷が「青松葉屋敷」と呼ばれていたのでこの名がつけられた。

▼辞官・納地　徳川慶喜は一八六七（慶応三）年九月に内《ない》大臣に任じられており、その官を辞するかどうか、また幕領八〇〇万石のうち朝廷にいかほどの領地を返納するのかをめぐる新政府対旧幕勢力との対立。

勝海舟

▼**私戦**　東征軍《とうせいぐん》江戸総攻撃の直前、勝は門弟杉亭二《すぎこうじ》に「戦は私闘である。私闘を開いて国民を苦しむることがあるもんか。国民は租税を納めて国家に益を尽して居る。何の罪があるか」と語っている。

識があったと著者は考えている。彼の称讃する横井小楠《よこいしょうなん》にしろ西郷隆盛《さいごうたかもり》にしろまったくの他藩の人物である。自分を慕って奔走し続けた土佐《とさ》浪士《ろうし》巨魁《きょかい》坂本《さかもと》龍馬《りょうま》も、結局、薩藩《さっぱん》の小松帯刀《こまつたてわき》に託するほか勝には救いようがなかった。長崎海軍操練所以来知合いとなり、その能力に感じ入っている諸藩の面々が王政《おうせい》復古《ふっこ》政権の中核となっている。そのような見識を有している幕臣がどれほどいるのか？「関東の人士は能《よ》く怒り能く勇闘するも、百年の廟算《びょうさん》を立つる者無し」。このような人材しかいなかったからこそ、五倍の兵力をもってしても僅少の薩長兵に連戦連敗、「大勢既に去りて復《また》人力の得て如何《いかん》ともすべからざる」にいたってしまった。

ここで再度、新政府軍に決戦を挑むことは「公戦」にあらず「私戦▲」となる。ただし勝は新政府軍の態度も「私戦」を挑むものだと断じている。この「私戦」によって国を支えている江戸の市民に戦禍をこうむらせるのは為政者のなすべきことではない。民衆の生命と生活を政治判断の中心に位置づける点でも勝は希有の幕臣だった。しかも無意義な内戦は列強の介入を招き、「印度《インド》・支那《シナ》」の惨情を日本に再現することとなる。これらが、旗本《はたもと》勝海舟が一月二十三日に陸軍総裁就任を主君徳川慶喜から懇請された時の行動基準としたものとみて大過ないだろう。

海舟政権の脆弱性

勝の意見に従って慶喜は会計総裁に大久保一翁《おおくぼいちおう》▲、外国総裁に山口直毅《やまぐちなおたけ》、海軍総裁に矢田堀鴻《やたぼりこう》を任命、恭順派執行部がここに発足、慶喜は絶対恭順の態度を明白とするため、二月九日、朝譴《ちょうけん》をこうむった老中格大河内正質《おおこうちまさただ》・若年寄《わかどしより》の永井尚志《ながいなおゆき》と平山敬忠《ひらやまよしただ》・若年寄並竹中重固《たけなかしげかた》・若年寄並格塚原昌義《つかはらまさよし》・大目付《おおめつけ》滝川具《たきがわとも》挙《たか》を罷免、翌十日これら有司《ゆうし》と松平容保《まつだいらかたもり》・松平定敬《さだあき》ら二四人を登城禁止とした。十一日には旗本・御家人《ごけにん》に総登城を命じ、慶喜はみずから絶対恭順の意を表するため退城の趣旨を述べ、十二日上野寛永寺大慈院《うえのかんえいじだいじいん》▲に移り屏居《へいきょ》・謹慎状態に入った。それまでの老中では板倉勝静《いたくらかつきよ》が一月二十九日、酒井忠惇《さかいただとし》と松平康英《やすひで》が二月五日、小笠原長行《おがさわらながみち》が二月十日、稲葉正邦《いなばまさくに》が二月二十一日に辞任し、形式的には勝ら恭順派執行部はより活動しやすくなったごとくに見えるだろう。

しかしながら勝は旗本のなかではきわめて孤立してきた存在だった。奉勅《ほうちょく》

▼**大久保一翁**　一八一八〜八八。旗本。一八五四(安政《あんせい》元)年目付となり、安政改革に尽力、六二(文久二)年朝廷から攘夷決行の要請を受けた際には徳川家の大政返上を主張した。一八六五(慶応元)年隠居するも、六八(同四)年二月若年寄を拝命、勝海舟と主家存続のため奔走、一八七二〜七五(明治五〜八)年には東京府知事をつとめている。

▼**大慈院**　寛永寺の子院三六坊の一つ。上野戦争で全山焼失したのち、大慈院のあった地に川越喜多院《かわごえきたいん》の本堂を移して寛永寺の本堂とした。

攘夷《じょうい》期、攘夷の勅命《ちょくめい》を奉じることが不可能なら将軍職を返上して一大名になるべきだと正論を堂々と主張しえた大久保一翁だけが心友といえる間柄であり、しかも海軍畑一筋で来た勝は陸軍にはなんらの人脈も影響力も有してはいなかった。また年功の上で矢田堀が海軍総裁になったとはいえ、開陽艦長榎本武揚が、優秀でしかも幕府国家こそが近代化の推進機関たらねばならないと信じていた幕府海軍士官の面々の心をしっかりと掌握していたのである。

徳川宗家当主慶喜の絶対恭順の強い意志だけを旗印に、家名存続と、膨大な数の旗本・御家人ならびにその家族の今後の生活を可能にすべく旧国家の縮小的再生を実現しようとする勝ら恭順派執行部は、したがって繰り返し主君慶喜の絶対恭順の意を臣下《しんか》として体すべきことを命じた。二月二十八日には「官軍《かんぐん》」に対し妄動これなきよう相守るべき旨を達し、三月二日には、「御意《ぎょい》の御書付」▲として、妄動は「予が身に刃を加ふるも同様の儀」とまで表現して新政府軍に恭順姿勢を堅持し続けるよう厳達する。

だが、幕府陸軍と異なり、敗戦を経験しなかった榎本以下の幕府海軍は、幕府国家の海軍との意識を持ち続け、列藩《れっぱん》海軍恐るるにたらずと新政府軍への対

▼**「御意の御書付」**　「只管《ひたすら》恭順謹慎、……仮令《たとい》忠義の心に出候とも、此《この》旨に相悖《もと》り候者は、我意に背候者に付、予が身に刃を加ふるも同様の儀に付、此旨篤《とく》と相弁《わきま》へ、心得違無之様《これなきよう》に致す可《べ》きもの也」とある。

峙姿勢をなんら弱めてはいなかった。その榎本が一月二十三日、海軍副総裁に任じられるのである。

幕府陸軍においても恭順遵守には二つの問題をかかえていた。一つは歩兵である。封建的《ほうけんてき》軍役制度で編成されてきた旗本・御家人の近代式軍隊への転換が困難をきわめるなか、兵賦や雇いの形で都市と農村から徴募した雇用兵士(傭兵)が多数となり、幕府解体はただちに彼らの失職問題に結びつき、その統御が二月に入り混迷の度を加速させてくる。しかも彼らを指揮する幕府士官の多くは「討薩の表」の「薩藩奸賊、幼帝を要し公議を尽さず叡慮を矯《た》め、偽勅を下」すとの思いをまったく変えてはいなかった。彼らは、鳥羽・伏見の敗戦により主君がこれほど恭順の意を表しているにもかかわらず、新政府は有無をいわせず大兵をもって関東にまで乗り込み、旧幕府を武力で解体させようとしているのだと憤激しているサムライたちであった。さらにこのなかの若手士官たちは一八六五(慶応元)年以来、フランス語を徹底的に叩き込まれ、フランス軍人より近代戦闘の基本を教育された誇り高きサムライ青年でもあったのである。勝たち恭順派執行部は、このような陸軍士官たちに命じて雑多な兵士の統制を維持し続けなければならなかった。箱館《はこだて》戦争に身を投じる松平太郎《たろう》▲を二月二十六日陸軍奉行《ぶぎょう》並(陸軍奉行欠)に任命したのはほんの一例である。

あと一つ、勝たち恭順派執行部を悩ませたことは、新政府軍の出方がまったく不明なままなことであった。王政復古クーデタ直後の「納地」問題でも最強硬派は全幕領《ばくりょう》の没収を主張しており、新政権の財政基盤を確立するには削減の度合が高ければ高いほどよい。それには戦争による結着が最善の方法、この実例はわずか四日間の薩長主導の激戦・勝利が何よりも雄弁に物語っている。しかも失策挽回を至上課題とする板垣退助《いたがきたいすけ》・谷干城《たにたてき》率いる土佐迅衝隊《じんしょうたい》▲は東征軍の最強硬派として東山道《とうさんどう》を勇進し続ける。

留意すべきことは、勝たち恭順派執行部は無条件降伏の立場ではまったくなかったということである。「万已《や》むなくば一戦」との選択肢も、サムライの意地にかけて、その恭順姿勢のなかには含まれていた。慶喜の一命はまったく問題ではなく、徳川宗家の家名存続、したがって旗本・御家人およびその家族のための徳川宗家家領(大きいほどいい)獲得が執行部の狙いであり、そのためにこそ、膨大な配下兵力の確実な統制(万一の場合は戦闘動員が含まれる)と関八州《かんはっしゅう》の

▼**松平太郎**　一八三三〜一九〇九。旗本。一八六八(慶応四)年二月陸軍奉行並。箱館戦争後、東京で入獄、一八七二(明治五)年一月赦免後は開拓使《かいたくし》御用掛、七九(同十二)年には外務省ウラジオストック在勤貿易事務官となっている。晩年は落魄、榎本家の援助を受けた。

▼**迅衝隊**　土佐藩の主力部隊となった歩兵大隊。一八六八(慶応四)年一月八日、板垣退助を大隊司令とし、幹部を片岡健吉《かたおかけんきち》・谷干城ら討幕派で固め、兵士は郷士《ごうし》・庄屋《しょうや》など土佐勤王党《きんのうとう》の面々が多数加わっていた。

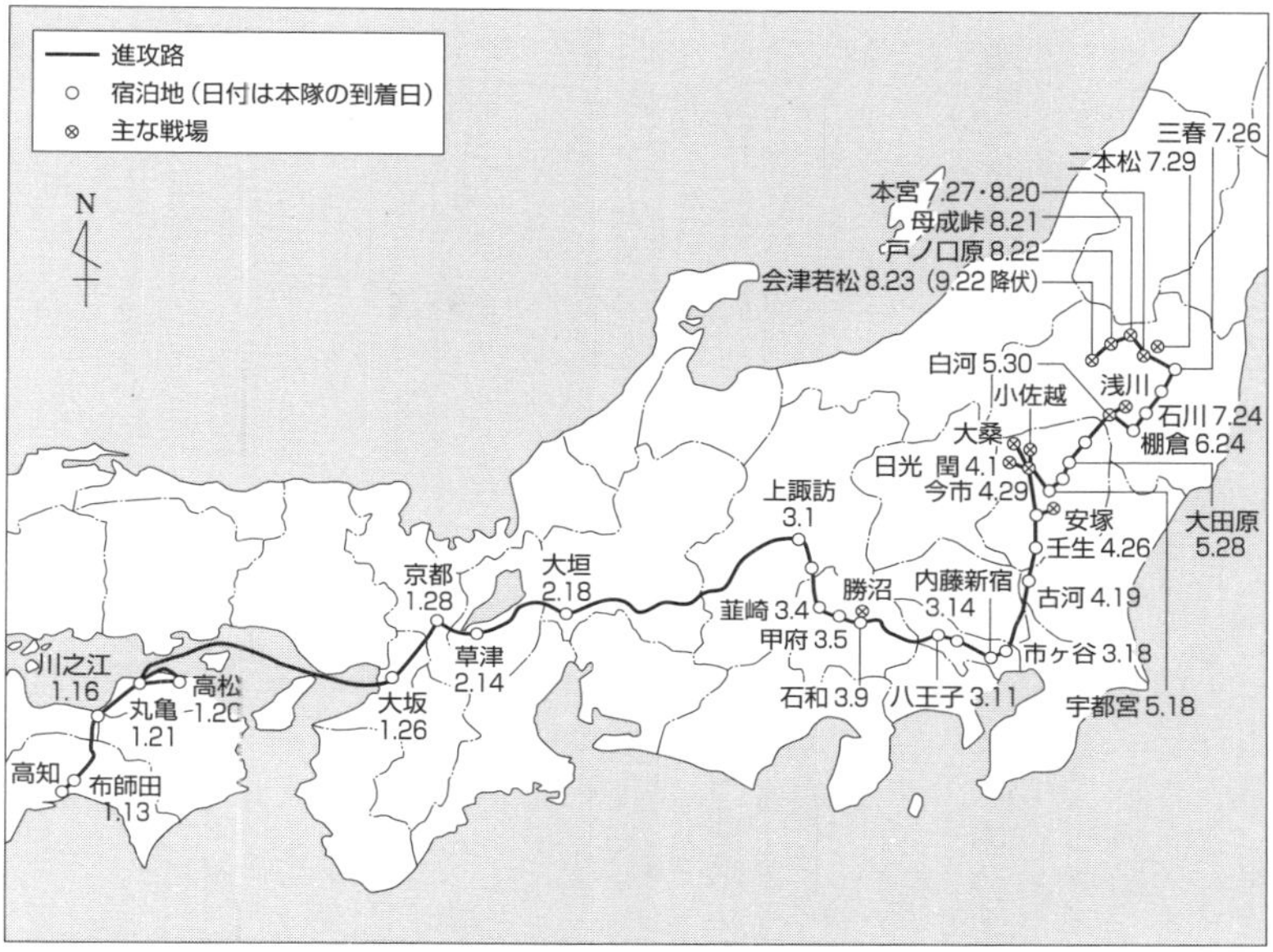

迅衝隊行軍地図（高知市立自由民権記念館『板垣退助』より，一部略）

戊辰戦争時の土佐藩士たち　前列中央が板垣退助。

幕領をはじめとする治安維持は恭順派執行部が、新政府軍の手を借りることなく遂行し、敗戦による過酷な削地削封の押しつけ口実を一切つくらせてはならなかったのである。

鎮撫対象地となった甲州と武州

しかし、この困難きわまる課題を恭順派執行部ははたして実行しえたのだろうか?

恭順派執行部態勢を確立し、主君の絶対恭順の姿勢を旗本・御家人に徹底・周知させる一方で、一八六六(慶応二)年の世直し一揆《いっき》のように、権力空白期の民衆闘争を再現させてはならなかった。恭順派執行部成立直後の二月一日、幕府は越後《えちご》の幕領地を会津・米沢《よねざわ》・高田《たかだ》・桑名の四藩の預り地とし、また二月八日には出羽国《でわのくに》寒河江《さがえ》・柴橋《しばはし》の幕領七万四〇〇〇石の地を庄内《しょうない》藩の預り地とした。支配を継続させ権力の空白期をつくりださせないためである。陸奥《むつ》国内の幕領地に関しても二月五日、目付梅沢孫太郎《うめざわまごたろう》▲が派遣されており、それなりの措置がとられたはずである。これも研究課題の一つである。他方で関八州の各代官《だいかん》領

▼**梅沢孫太郎**　一八一七〜八二。一八六六(慶応二)年十月、水戸藩士にて一橋殿用人雇より幕臣となり、同月目付、六七(同三)年四月京住を命ぜられる。維新後も慶喜に従い静岡で没した。

は勘定《かんじょう》奉行と勘定奉行所の指揮のもと、しっかりと代官支配を継続させようとした。

　他方、当然のこととして歩兵の脱走は二月上旬より頻発する。「海舟日記」では、(二月五日条)「此夜、三番町屯所《とんしょ》の歩、四百人計《ばかり》脱走」「歩卒は八王寺《はちおうじ》辺へ引、乱妨」、(二月七日条)「此夜、三番丁の歩卒五百人計脱走、千住《せんじゅ》より奥州《おうしゅう》へ落つ」、(二月十五日条)「八王寺へ脱走の兵卒二百人計新宿《しんじゅく》迄帰る」とある。甲《こう》州《しゅう》郡内《ぐんない》の史料では、二月九日、八王子から郡内に入った三五〇余人の歩卒は「天下浪人」と称してあばれまわり、十三日甲府《こうふ》御城加番《かばん》▲加藤丹後守《かとうたんごのかみ》・井上八郎両人が郡内に入り戦闘となり、召取りの者二〇人は山中村《やまなか》で打首、残りの者は逃げ去ったとある。この逃亡歩卒が二月十五日付「海舟日記」の「歩卒二百人計新宿迄帰る」に該当するのだろう。また甲州国中《くになか》地域では年貢《ねんぐ》半減令を掲げる高松実村隊《たかまつさねむら》▲が二月十日に甲府に入り市中を動揺させたが、東海道先鋒総督府《とうかいどうせんぽうそうとくふ》より高松隊は勅宣《ちょくせん》を授かってはいないとの急報が入ったため、二月十五日東進しようとするも、石和《いさわ》代官所に阻止され、西帰するなかで解隊となっている。

　また「海舟日記」二月七日条の脱走組は、関西で徴募・編成した傭兵たち、鳥

▼**甲府加番**　甲府勤番組をいう。ただしこれは風説で、事実としては幕命により井上八郎指揮の遊撃隊が郡内に入り討伐したのである。

▼**高松実村隊**　公家《くげ》高松実村を擁し、甲州に勤王の士を徴募、年貢半減令を宣伝した甲州浪人小沢《おざわ》一仙《いっせん》や館林藩士岡谷繁実《おかやしげざね》組織の草莽《そうもう》隊。二月十日偽勅使と指弾され、同月十四日一仙は斬首された。

羽・伏見戦争で闘った歩兵第一一・第一二連隊の兵士にして一月下旬三番町兵舎に入った者たちであり、この夜当直士官数人を銃殺し兵器を奪って野州《やしゅう》方面に逃亡したのである。この事件が発生するや、歩兵差図役《さしずやく》頭取古屋佐久左衛《ふるやさくざえ》門《もん》▲は、もと京都見廻組《みまわりぐみ》▲で鳥羽・伏見戦争で闘った今井信郎《いまいのぶお》▲らと共に脱走兵の屯集地野州佐久間山《さくまやま》に赴き鎮撫《ちんぶ》し、忍《おし》藩に謹慎させる措置をとったうえで帰府している。当然、幕府陸軍局の了承のもとでの行動であり、また新政府軍の行動いかんによっては、この脱走兵士集団を利用する含みももっていたのである。

　新政府軍の東進は二月下旬に入るやさらに関八州に接近するようになり、上《じょう》州《しゅう》岩鼻《いわはな》代官所の強引な農兵取立てが直接のきっかけとなり、二月二十四日上《こう》野《ずけ》緑埜《みどの》郡全体に一揆が勃発、それが拡大するなかで三月十日、岩鼻代官所の役人たちは新政府軍への引継ぎを行うことなく代官所から撤収してしまった。上州世直し一揆▲に発展するのは必至のこととなる。

　勝や大久保が、このような状況のなかで、なんとしても治安維持の手を打たなければと考えたのは、一つはこれまで不安定な情況が一度ならず起きている甲州であり、あと一つは数百の脱走歩兵が忍藩にあずけられており、世直し一

▼**古屋佐久左衛門**　一八二九〜一八六九。筑後《ちくご》の庄屋高松直通《なおみち》次男、高松凌雲《りょううん》の兄。一八五九(安政六)年幕臣古屋家を継ぐ。神奈川奉行支配定番などをへて歩兵差図役頭取。一八六九(明治二)年五月十二日、五稜郭《ごりょうかく》にて敵艦砲破裂で重傷をおい死亡した。

▼**京都見廻組**　京都治安維持のため設けられた幕府の役職。一八六四(元治《げんじ》元)年四月備中《びっちゅう》浅尾《あさお》藩主蒔田広孝《まきたひろたか》と旗本松平康正《やすまさ》が配下見廻組各二〇〇人を率いて就任したのが始まり。幕府の有力な軍事力となった。

▼**今井信郎**　一八四一〜一九一八。幕臣。一八六七(慶応三)年上京、見廻組与力頭《よりきがしら》となる。坂本龍馬暗殺にかかわる。東帰後衝鋒《しょうほう》隊幹部として各地を転戦、一八七二(明治五)年に赦免、静岡県に出仕、ついで警視局に入った。

揆地帯に近接している武州《ぶしゅう》北東部である。新選組は甲州鎮撫のため、古屋佐久左衛門と今井信郎ら旧幕臣歩兵士官たちは脱走歩兵統轄のため、ともに三月一日、それぞれ武器を携えて出発することになる。

甲陽鎮撫隊の出発

近藤勇《こんどういさみ》（変名大久保剛《おおくぼたけし》）と土方歳三（変名内藤隼人《ないとうはやと》）を指揮者とする一隊が、大久保一翁の命を受け甲州鎮撫のため江戸《えど》を出発するのが一八六八（慶応四）年三月一日のことであった。京都で見廻組士として活動して新選組《しんせんぐみ》と交流、鳥羽・伏見戦争にも参戦した結城無二三《ゆうきむにぞう》は甲州出身で地理に明るく、また砲術にも熟達していたので、近藤から地理嚮導《きょうどう》兼大砲差図役になるよう依頼され、鎮撫隊「軍監《ぐんかん》」に任じられて同行する。結城の回想では、鎮撫隊の後詰として横浜《よこはま》の「菜葉隊《なっぱたい》」▲二大隊ならびに八王子千人同心《せんにんどうしん》二小隊が予定されていた。

三月一日には府中宿《ふちゅうしゅく》泊り、ここに出向いた日野《ひの》宿の佐藤彦五郎《さとうひこごろう》は近藤から人数が少ないので彦五郎剣術門人のうち三〇人ほど甲府まで同伴してもらいたいと依頼され、三月二日鎮撫隊が与瀬《よせ》宿泊りの晩、彼も含めて二五人の日野隊

▼**上州世直し一揆**　岩鼻代官所の農兵取立てを直接の契機として一八六八（慶応四）年二月二十五日に勃発した上州全域ならびに武州北部一帯を席捲した一揆。三月十日岩鼻代官所が瓦解したことは、さらに一揆を拡大させた。

▼**菜葉隊**　一八六三（文久《ぶんきゅう》三）年三月、横浜防衛のため神奈川奉行支配下に定番役《じょうばんやく》が創設、そのもとに番所附下番が配置された。これ以降、諸関門・番所に定番役六〇〇人と下番一〇〇〇人が守衛にあたった。下番の制服羽織がもえぎ色とされたので、世人は菜葉隊と呼んだ。

が鎮撫隊に合流する。三月三日は猿橋《さるはし》宿泊り、三月四日花咲《はなさき》宿での昼食時、「官軍」らしき人数が明五日甲府に押し来る様子との急報があり、近藤・土方らの本隊は驚いて急発進、日野隊は荷物警固・搬送のため遅れて出立、駒飼《こまかい》宿に到着するが、ここですでに新政府軍が甲府に入ってしまったとの報に接する。新政府軍と争いを起こさないようにとの指示を受けている近藤はここで待機、三月五日の正午、土方は情報を恭順派執行部に注進するため江戸に急行、結城は菜葉隊に応援を求めるためだと述べている。他方で近藤は「鎮撫隊大久保剛」の名前をもって旧甲府町《まち》奉行▲若菜三男三郎《わかなみおさぶろう》宛に「此度我等《このたびわれら》甲州取締を命ぜられ来れり、然《しか》るに官軍已《すで》に御入城に相成り候由《よし》に付、突然と参り候とては官軍に対し不敬に相当り申すべく、素《もと》より毛頭《もうとう》官軍に敵する存意無し、依て暫《しばら》く御進軍御止めに相成り候様申出賜るべし、我等先づ近在を鎮撫し追々其表へ参るべし」と、新政府軍の甲府以東への進軍中止方を依頼する。

ここで近藤は深刻なジレンマに立たされる。絶対恭順の立場から新政府軍への敵対行為は禁じられているものの、恭順派執行部も甲州全域をみずからの掌中に維持しつつ新政府軍との交渉に臨みたい方針のはず、このまま新政府軍に

▼**甲府町奉行**　一八六四(元治元)年三月に新設された役職で、一八六六(慶応二)年八月より寄合旗本若菜三男三郎が任命されていた。

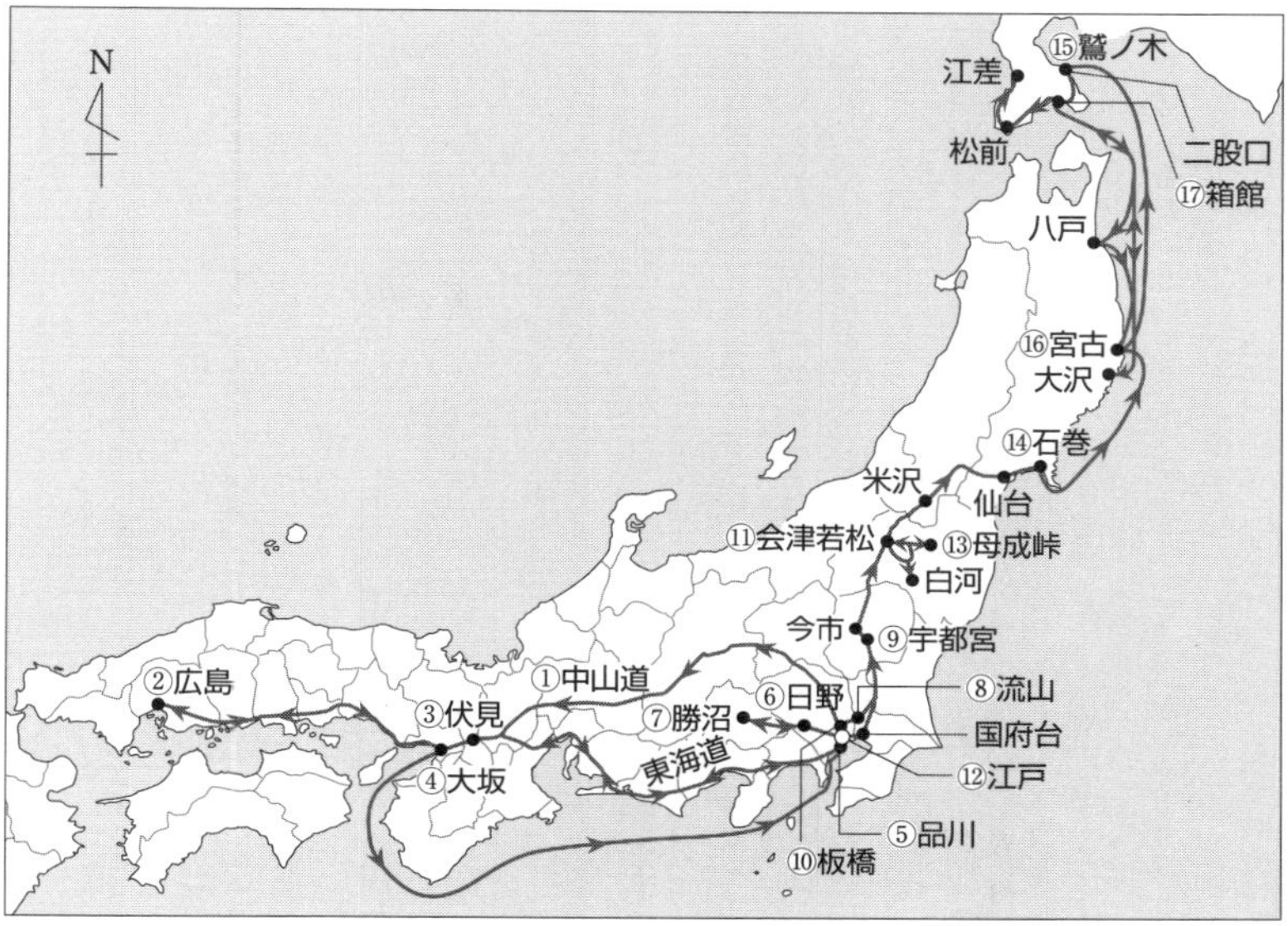

①中山道	1863(文久３)年	浪士組の上洛経路
②広島	1865(慶応元)年11月	近藤，第一次長州征討戦後処理のための使節に同行
②広島	1866(　２)年２月	近藤，長州処分を伝える使節に同行
③伏見	1868(　４)年１月３日	鳥羽・伏見戦争。井上源三郎ら戦死
④大坂	1868(　４)年１月10日	新選組，幕府軍艦富士山丸で大坂を脱出
⑤品川	1868(　４)年１月15日	富士山丸，品川に到着
⑥日野宿	1868(　４)年３月２日	甲陽鎮撫隊，日野で休息
⑦勝沼	1868(　４)年３月６日	柏尾の戦い。甲陽鎮撫隊，新政府に敗れ敗走
⑧流山	1868(　４)年４月２日	新選組，新政府軍に包囲される。大久保大和(近藤勇)，新政府軍に投降
⑨宇都宮	1868(　４)年４月19日	土方率いる旧幕府軍，宇都宮城を攻略
⑩板橋	1868(　４)年４月25日	近藤勇処刑
⑪会津若松	1868(　４)年４月29日	土方率いる新選組，会津に到着
⑫江戸	1868(　４)年５月30日	沖田総司没
⑬母成峠	1868(　４)年８月21日	母成峠の戦い。新選組･旧幕府軍,新政府軍に敗れる
⑭石巻	1868(明治元)年10月12日	土方，榎本武揚率いる旧幕府軍艦隊と合流。蝦夷地に向け出航
⑮鷲ノ木	1868(　元)年10月20日	旧幕府軍上陸
⑯宮古	1869(　２)年３月25日	宮古湾海戦。旧幕府軍敗北，新選組隊士野村利三郎ら戦死
⑰箱館	1869(　２)年５月15日	弁天台場に籠る新選組，新政府軍に降伏

新選組の転戦(日野市立新選組のふるさと歴史館『新選組　戊辰戦争のなかで　第三回特別展』より，一部加筆)

甲州街道での急東進とその江戸到達を許せるものなのか？　しかも鎮撫隊の中核は鳥羽・伏見戦争を闘った新選組の面々、一戦を辞さずとの剣客揃い、彼らの突上げも激しくなる。結局、勝沼《かつぬま》宿のはずれに関門を設けて新政府軍のこれ以上の東進をくいとめ、背後の要害柏尾山《かしおさん》に胸壁を築いて四斤砲二門をすえ、さらに勝沼宿一面にかがり火をたかせ、戦闘員の数を誇大に示す示威行動をとることとなった。

甲州に急進撃する土州・因州両藩軍

近藤・土方が驚いたのももっともな理由があった。新政府軍においては甲州は基本的には東海道先鋒総督府軍勢が管轄すべき地域とされていた。東海道先鋒総督府は二月二十六日黒岩治部之助《くろいわじぶのすけ》▲を甲府に派遣して、甲府の動静および府庫の金穀を調査させ、黒岩は甲府の旗本はじめ武家《ぶけ》一同の新政府への恭順を確認、さらに甲州内にある田沼《たぬま》家領の陣屋の面々からも恭順態度を確認、この事態は江戸に伝わっており、そのうえでの甲陽《こうよう》鎮撫隊の派遣となったのである。

他方、信州を東進する東山道先鋒総督府では、中山道《なかせんどう》経由ではなく、戦略要

▼**黒岩治部之助**　一八三七～一九〇〇。諱《いみな》は直方《なおかた》、土佐国安芸《あき》郡土居《どい》村の郷士《ごうし》で幕末尊攘運動に従事し、一八六三(文久三)年八月十八日の七卿《しちきょう》落《お》ちには随身し、太《だ》宰府《ざいふ》にも共に移動、戊辰戦争では東海道先鋒総督府の要員として活動、その後東京府大属・司法省・宮内省に勤務、山階宮《やましなのみや》家令《かれい》となった。『万朝報《よろずちょうほう》』の黒岩涙香《るいこう》の叔父でもある。

地甲州をわが手におさめ、そしてより早く江戸に到着する甲州街道を掌握すべきだと強硬に主張する土佐藩迅衝隊が薩長両藩兵と鋭く対立していた。長州勢は王政復古クーデタのすべてを仕切った薩藩の意向にさからわない方針をとり、結局、土佐藩兵ならびに因州《いんしゅう》鳥取藩兵だけが東山道軍から分離し、上諏訪《かみすわ》から韮崎《にらさき》をへて両藩兵が甲府に入城するのが三月五日のこととなった。鳥羽・伏見戦争での土佐藩の致命的・屈辱的失策をなんとしても一日も早く挽回したいとの一念が、板垣退助・谷干城らの幹部をはじめ土佐藩部隊全体を突き動かしていた。この急進論は、甲州人士の支持を得べく退助をして乾《いぬい》姓を板垣姓▲に改称させ、また迅衝隊に従う甲州郷士勤王《きんのう》隊＝断金《だんきん》隊を大石弥太郎《おおいしやたろう》・美正貫一《みしょうかんいち》郎《ろう》らの奔走で組織させることにまでもなったのである。

彼らは、勝や大久保らの恭順派執行部は表面的には絶対恭順の態度を示しながらも、裏では旧幕《きゅうばく》諸部隊をつぎつぎと脱走させ、各地の旧幕臣やその地の佐《さ》幕《ばく》派と共謀させて劣勢態勢の挽回を策動しているのだとの眼鏡ですべての事態を判断し続ける。旧幕府側がいまだ明白な降伏姿勢を示していないこの段階では、これも当然のことながら一つの判断方程式となってくる。

▼**板垣姓**　板垣退助は旧幕時代は乾退助と名乗っていた。甲州入りの際、武田《たけだ》氏の遺臣たちを糾合、勤王のつわものをつのるため、甲州入りの新政府軍指揮官はその祖先が武田信玄《しんげん》の重臣だったと宣伝すべく板垣姓に変えるのである。退助の祖先は信玄に武田家を継がしめるうえで大功のあった板垣信《のぶ》形《かた》で、闘いごとに信玄の参謀となって功があったが、一五四八(天《てん》文《ぶん》十七)年討死し、その直系の当主の遺児正信《まさのぶ》は家臣らにより山内《やまうち》家《け》重臣乾備後を介して掛川《かけがわ》城主だった山内一豊《かずとよ》の家来(一二〇〇石)となった。退助は正信十世の裔、この改姓は甲州において草莽隊の断金隊・護国《ごこく》隊二隊を組織するうえで、大きな役割を果たしたのである。

したがって黒岩治部之助に絶対恭順姿勢を示した甲府旧幕臣たちを実際には鎮撫隊に内応しているのだと断じて捕縛し、厳しく糺弾することにもなるのであった。黒岩はこの動きに驚いて三月三日夜、甲州街道を上諏訪から南下する土・因軍勢に対し、事態は鎮静しているので甲府に入城すべからずと必死で諫言するも、聞き入れられるわけがなかったのである。

勝沼戦争と梁田戦争

三月六日昼すぎ、一〇〇余の人数で勝沼宿はずれの関門を守る鎮撫隊に一二〇〇人にのぼる土・因軍勢が殺到、「此木戸素直に通せ」と叫べば、「通行の義は我々が預る処、卒爾《そつじ》に通せば如何様《いかよう》の罪を蒙るも計《はか》り難し、本陣に窺《うかがい》の上、許可を得た上で通すべし」と押問答となった。新政府軍のなかから大力の者が進み出て、関門を破壊、新政府軍が大挙して宿内に突入するところから激しい切合いとなり、後ろにひかえていた三人と四人に分かれた鎮撫隊小銃部隊が相互に射撃しつつ後退運動を繰り返し、大勢に追いつめられるなかでしだいに戦闘の場は柏尾山へと移動した。切合いの時、池田七三郎《いけだしちさぶろう》▲が多人数と渡りあって

▼**池田七三郎**　一八四九〜一九三八。一八六七(慶応三)年十月入隊。鳥羽・伏見戦争に参加。勝沼戦争で重傷をおう。母成《ぼなり》峠戦ののちは斎藤一《さいとうはじめ》に従って若松《わかまつ》近傍の如来堂《にょらいどう》で闘い、若松城開城後は水戸諸生党《しょせいとう》の水戸城奪還攻撃(十月一日)に参加、銚子《ちょうし》で捕縛、赦免後は稗田利八《ひえだりはち》と改名、商人となる。

奮闘するも、疲労の結果、土佐藩士小笠原謙吉《けんきち》▲に切り伏せられている。柏尾山にすえた四斤砲二門は、結城が近在に農兵徴募で不在のため、その力を発揮できないまま、新政府軍の激しい砲列に打ち破られ、日暮とともに近藤は鎮撫隊勢を引き揚げさせた。近藤はさきのジレンマに陥ったまま、ふんぎりが悪く、煮え切らないこのような闘い方をせざるをえなかった。勝沼戦争は恭順派執行部の抱え込んだ矛盾が如実にあらわれたものだと著者はみている。

勝・大久保執行部は、自己の意を正確に体する手足がなく、唯一、慶喜の「予が身に刃を加ふるも同様」との暴発は断じて不可との発言のみに頼って旧幕陸海軍全体を統御しなければならない立場であった。その手足となって鎮撫のため派遣される部隊は、しかし鳥羽・伏見戦争で苦戦し、薩長憎しでこり固まっている部隊しか存在せず、しかも勝・大久保執行部は旧幕体制をいかにしても維持すべく、裏でさまざまな策謀をめぐらしていると断定する新政府軍（長州は二次にわたる幕府の長州征討で、幕府に対する憎しみは諸藩のなかでもっとも強烈だった）が相手である。この勝沼戦争の構図は、三月九日未明に起きた梁《やな》田《だ》▲戦争にもピッタリとあてはまる。

▼**小笠原謙吉**　一八四〇〜六八。土佐藩士。迅衝隊に加わり、三月の勝沼戦争をはじめ、安塚《やすづか》・今市《いまいち》・白河《しらかわ》・二本松・本宮《もとみや》などに転戦、八月二十三日若松城攻撃戦で戦死した。小笠原唯八《ただはち》は謙吉の兄である。

▼**梁田**　下野国《しもつけのくに》梁田郡、渡良瀬《わたらせ》川南にある例幣使《れいへいし》街道の宿駅《しゅくえき》。例幣使街道は中山道の倉賀野《くらがの》から分岐し、上野国《こうずけ》（太田宿）から、下野国八木《やぎ》宿・梁田宿をへ、渡良瀬川を渡って天明《てんみょう》宿へと北上する。また館林と足利《あしかが》を結ぶ道路上にもある。

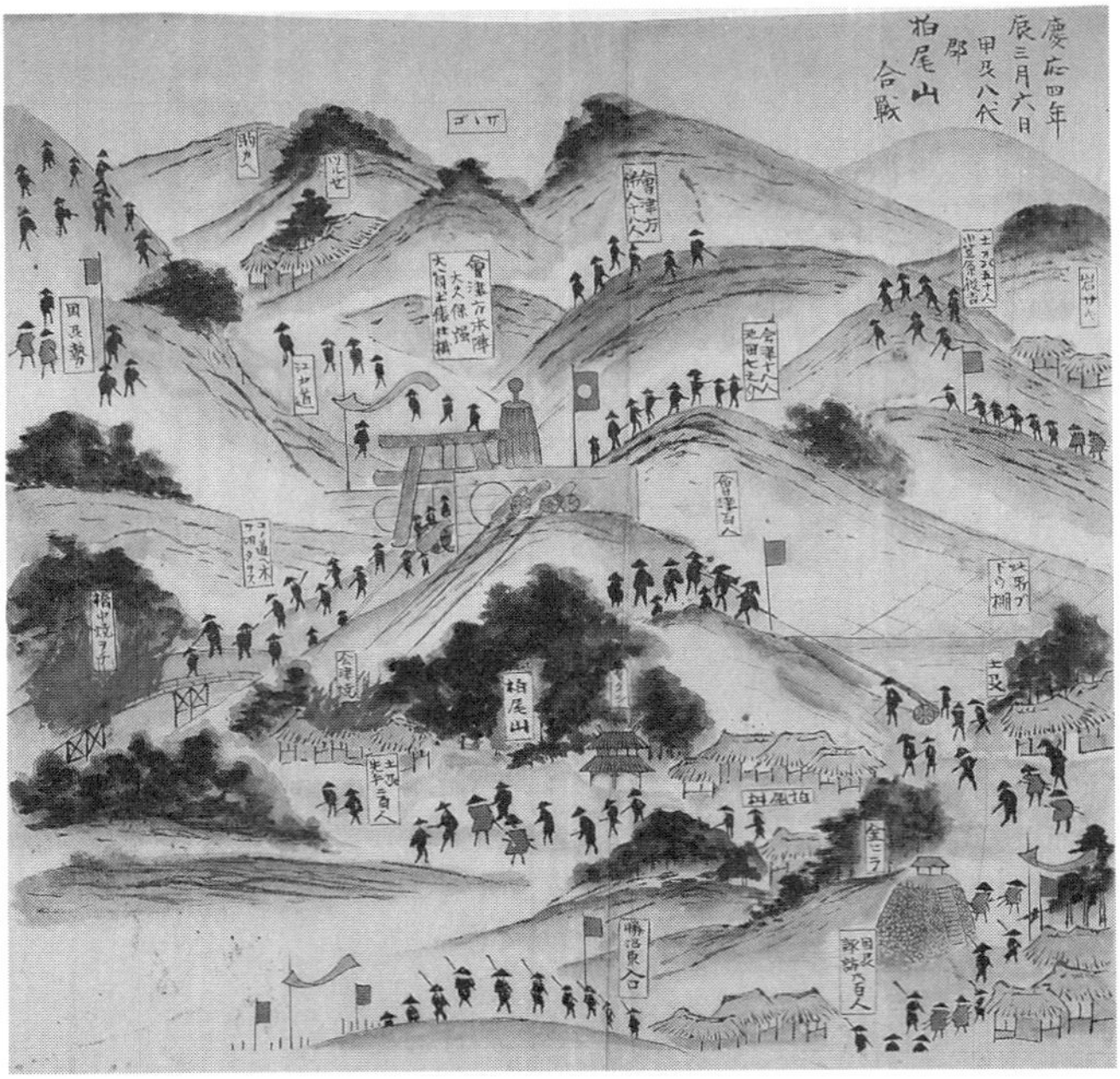

柏尾山合戦図写　1868(慶応４)年３月６日当時を描いたもの。結城礼一郎「柏尾の戦」(『旧幕府』第３巻第７号，1899年)写本より。

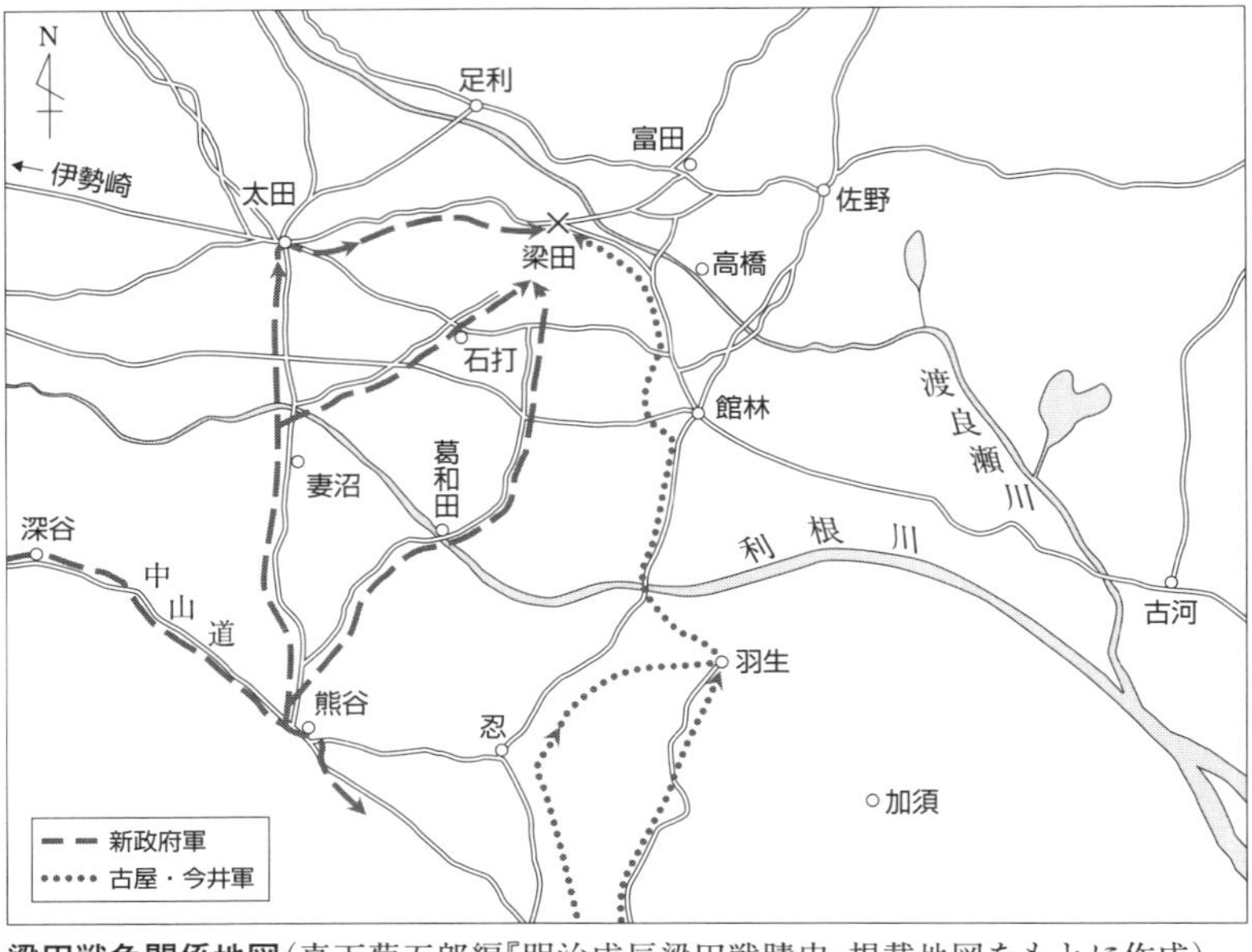

梁田戦争関係地図(真下菊五郎編『明治戊辰梁田戦蹟史』掲載地図をもとに作成)

勝沼戦争の報を得ている東山道先鋒総督府軍は三月八日、熊谷《くまがや》に到着するが、夜に入り薩藩が出していた斥候《せっこう》隊が、「一〇〇〇人余、武州最北端の羽生《はにゅう》村に旧幕兵あって側面よりわが軍を衝《つ》く目的をもって同村を出立、館林《たてばやし》を通過して今夜太田《おおた》宿営の予定」との探索情報をもたらした。右は上述の判断方程式からの当然の結論である。すぐさま薩摩の川村与十郎《かわむらよじゅうろう》率いる一〇〇余人の第四番隊、大垣《おおがき》の六〇〜七〇人の一小隊、長州の梨羽衛門《なしばえもん》率いる二一人の一小隊からなる夜襲部隊が編成され、古屋・今井の率いる部隊が通過中の梁田において一方的に急襲をかけたのである。古屋は鳥羽・伏見戦争には参加していないが、今村と夜襲をかけられた脱走歩兵組はともに参戦しており、ただちに応戦、敗北後、古屋・今井統率のもと越後・北信《ほくしん》の地で新政府軍と闘い続けることとなる。

勝・西郷会談

ひたひたと東海・東山・北陸《ほくりく》の各道から江戸総攻撃の新政府軍が押しよせてくるにもかかわらず、勝海舟は江戸ならびに近在鎮撫のため新政府軍との折衝

西郷隆盛

▼山岡鉄太郎　一八三六〜八八。幕臣。一八五五(安政二)年槍術《そうじゅつ》の師山岡静山《せいざん》の急逝により同家に入婿、翌年講武所《こうぶしょ》剣術世話役となる。一八六〇(万延《まんえん》元)年清河八郎《きよかわはちろう》らと虎尾の会を結成するなど幕臣尊攘派のリーダーとなり、六三(文久三)年二月には浪士組取締役として上京する。一八六八(慶応四)年には主家存続のため勝海舟と奔走、その後新政府に出仕、侍従などをつとめ、子爵《ししゃく》を授かっている。

にみずから動く余裕がまったくなかった。しかし、東征《とうせい》総督府の最高参謀が旧知の西郷隆盛であることを知り、三月二日、その接触の手掛りとして薩邸焼打ち事件の際捕縛されていた薩藩士南部弥八郎《なんぶやはちろう》・肥後七左衛門《ひごしちざえもん》・益満休之助《ますみつきゅうのすけ》の三人を自邸にあずかる。同月五日、幕臣尊攘《そんじょう》派リーダー山岡鉄太郎《やまおかてつたろう》▲が勝邸を訪問、虎尾《こび》の会からの同志益満を同伴し、駿府《すんぷ》で西郷と談ぜんと申し込んだ。勝は初対面の山岡を「一見其為人《ひととなり》に感ず」と人物にほれ込み、西郷宛の書状を認めて益満をともなわせ鉄太郎を駿府に送りだす。薩摩藩士の益満は山岡にとって新政府軍が充満する東海道通行のこのうえないパスポートとなるのだった。この山岡の駿府での予備交渉のうえに、勝と西郷の三月十三日・十四日両度の折衝が成立、暴発を回避させうるギリギリの諸条件を西郷から勝ちとることが可能となる。

西郷は勝の要請を一諾、ただちに翌日の総攻撃中止を指令、勝はこの西郷の絶大な威令に感動する。改めて勝は、武士としての典型を西郷の言語と行動に感じとったのである。また山岡を恭順派執行部に参加させることにより、勝・大久保はようやく自分たちの忠実な手足となって鎮静方で奔走してくれる石坂《いしざか》

近藤勇

周造《しゅうぞう》・村上俊五郎《むらかみしゅんごろう》らの者たちを獲得することができるようになった。

近藤勇の捕縛と処刑

勝・西郷会談による三月十五日江戸総攻撃中止から四月十一日江戸城明渡しまでの約一カ月は、勝・大久保らにとっては薄氷を踏むここちの一カ月であったにちがいない。主君慶喜の護衛を標榜して上野の山に集結する旧幕臣・譜代諸藩士の数は日増しに増加し続けた。また上野山内警衛ならびに彰義隊《しょうぎたい》附属指揮役を下命されていた下総結城《しもうさゆうき》藩主水野勝知《みずのかつとも》は、家老《かろう》小幡兵馬《おばたひょうま》ら在藩新政府恭順派の運動でその地位を解任されたことに怒り、赤坂《あかさか》藩邸を出て佐幕派と行動を共にしたのである。すなわち三月十三日、藩主交代を新政府軍に出願した藩執行部を打倒すべく、佐幕派家臣《かしん》四〇人と彰義隊士六〇人を引きつれて結城城を攻め落とし(小山にいた会津藩兵も加勢している)、三月二十六日入城する挙に出た。常総野《じょうそうや》の地が戦乱の地と化してしまうのを恐れた下野《しもつけ》国宇都宮《うつのみや》藩家老県六石《あがたろくせき》は三月三十日、板橋《いたばし》に屯していた東山道先鋒総督府に事態鎮圧方の嘆願書を提出する。

旧幕軍関係地図(松浦玲『新選組』岩波新書より、一部加筆)

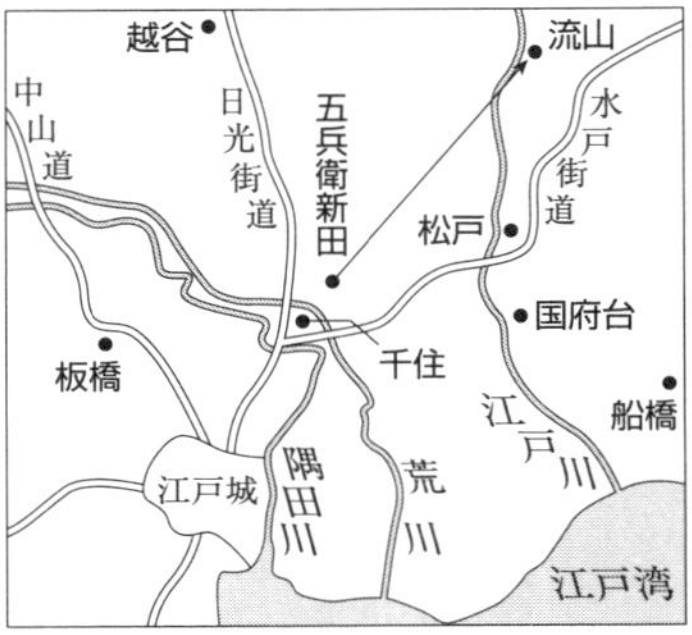

▼**上田楠次**　一八三七〜六八。土佐郡江口《えぐち》村に生まれ、間崎哲馬《まざきてつま》に学び、土佐勤王党に参加、武市《たけち》半太夫《はんぺいた》の投獄に弁訴、幽閉処分を受けた。一八六八(慶応四)年一月、迅衝隊に属し東山道鎮撫総督の直《じき》参《さん》となって活躍、四月十八日、小《お》山《やま》の闘いで戦死した。

▼**原田佐之助**　一八四〇〜六八。伊予松山藩中間《ちゅうげん》。脱藩して近藤勇と親交、一八六三(文久三)年二

このため東山道軍より彦根《ひこね》・須坂《すざか》・岩村田《いわむらた》三藩兵と美濃《みの》の帰順旗本岡田将監《おかだしょうげん》の兵が部隊に編成され、参謀を長州の祖式金八郎《そしききんぱちろう》と水戸《みと》の香川敬三《かがわけいぞう》、斥候を土佐の上田楠次《うえだくすじ》▲と同じく土佐の平川和太郎《ひらかわかずたろう》として四月一日板橋から進発した。途中の四月三日、旧幕兵流山《ながれやま》に屯集と聞き、この結城追討部隊が、大久保大和《やまと》と名乗っていた近藤勇ら二〇〇人余の結集していた地を包囲、武器を没収、武装を解除させ、隊長大久保大和を板橋本営に護送させたのである。

近藤取調べの次第はあとまわしとし、結城事件にしぼると、新政府軍は四月六日結城城を攻略、水野勝知は脱出して結城藩領の上総《かずさ》国成東《なるとう》や上野山内に潜伏し、その後実家の奥州《おうしゅう》二《に》本松《ほんまつ》藩江戸藩邸に戻るも、五月二十日捕縛されて津《つ》藩に御預けとされ、新結城藩主水野勝寛《かつひろ》が四月十一日に結城城を受けとることとなった。祖式参謀は須坂藩兵や近隣藩として動員された館林藩と共に結城を守り、香川参謀は彦根・岩村田両藩兵を率いて宇都宮に転じ、日光《にっこう》に進んで四月九日、同地にいた板倉勝静・勝全《かつまさ》父子を捕え、宇都宮に幽閉することとなる。

さて勝沼戦争敗北後の甲陽鎮撫隊は今後の去就をめぐって分裂した。こうな

って は会津に合流して闘うしかないと主張する永倉新八《ながくらしんぱち》・原田佐之助《はらださのすけ》▲・矢田賢太郎《やだけんたろう》▲らは近藤・土方グループから離脱し、元新選組士の林信太郎《はやししんたろう》▲・前野五郎《まえのごろう》▲・中条常八郎《ちゅうじょうつねはちろう》▲・松本喜次郎《まつもときじろう》▲を勧誘、旗本や諸藩脱走人らと共に靖共隊《せいきょうたい》▲を江戸で結成、四月十一日の江戸城明渡しで脱走する第七連隊を追って会津に向かう。

他方、近藤と土方は陸軍奉行並松平太郎や幕府代官佐々井半十郎《ささいはんじゅうろう》▲らの指示に従い、江戸開城の条件を旧幕側に少しでも有利なものにしようと綾瀬《あやせ》の五兵衛《ごへえ》新田《しんでん》に本陣をすえ、四月一日には流山に屯集地を移動したのである。

四月三日、板橋本営に護送された大久保大和は元新選組同志で御陵衛士《ごりょうえじ》グループとして分離した加納道之助《かのうみちのすけ》▲や清原清《きよはらきよし》▲によって近藤勇と確認された。土方は近藤の救解のため奔走、四月四日には勝のもとにも訴えるが、こうなってしまっては勝も手の打ちようがなかった。

板橋での近藤取調べには薩長土因四藩があたり、土佐の谷干城と同藩の小監察安岡道之助《やすおかみちのすけ》▲は拷問しても近藤に口を割らせるべきだ、勝や大久保の陰謀を近藤は知っているはずだと主張するが、薩藩側の反対でそのことは行われなかった。尋問の一つ目は流山屯集の理由である。

月、浪士組の一員として上京、池《いけ》田屋《だや》襲撃事件をはじめすべての新選組の行動に参加、勝沼戦争後、永倉新八と奥州に向かうが、単身引き返して上野戦争に参加、重傷をおい十七日に死去した。

▼**矢田賢太郎**　紀州伊都《いと》郡の医家矢田了敬《りょうけい》の子。池田屋事件直後に新選組に加入。鳥羽・伏見戦争、勝沼戦争に参戦後、永倉新八と行動を共にし、五月六日今市の戦闘で顔面に銃弾を受け戦死。

▼**林信太郎**　一八六三(文久三)年四〜五月、京都において壬生《みぶ》浪士組に加入。池田屋襲撃事件に出動。鳥羽・伏見戦争、勝沼戦争に従軍後、永倉新八と行動を共にし、若松城開城後は水戸諸生党の水戸城奪還攻撃(十月一日)に参加、失敗して下総八日市場《ようかいちば》で同月七日新政府軍に殺された。

▼**前野五郎**　一八四五〜九二。徳島藩士。一八六五(慶応元)年秋から六六(同二)年秋に京都で新選

「汝《なんじ》流山に出でしは勝安房《あわ》の命を奉じたるべし」との問いには、「決して左様《さよう》の事はこれ無し」と答え、「慶喜の御処置によりて臣子《しんし》の分を尽さんと欲するのみ」と一般論の説明に終始し、「然らば兵を以て官軍に抗するに非ずして何ぞ」とさらに追及されても、「一人丈ケ《だけ》の分を尽す事にて、決して抗すると云《いう》には非《あら》ず」と答えるのみであった。薩藩の平田九十郎《ひらたくじゅうろう》は「彼れが万一の時は臣子の分を尽すと云へば、其れにて事は分りたれば、別に責問に及ばず」と土佐の鋭《えい》鋒《ほう》をくじいている。

尋問の二つ目は勝沼戦争の件である。「甲州に出でしは如何《いかが》」との問いには「大久保一翁より命を受け参りたり、甲州に於ては是迄人気悪《じんきあ》しき処にてこれあるに付、官軍御通行の砌《みぎ》り、如何様の挙動を仕出し候も計られず、右鎮撫の為め命ぜられたり」と回答、さらに「私最初江戸発足の節は毛頭右様の意底（官軍に敵対すること）無し、途中に至り会津脱走者段々加はり自然暴論を唱」え、「其跡にて近田勇平と云者、終に暴発して官軍に抗拒し奉」ると、事を曖昧にした答弁を行っている。この「近田勇平」とは自分のことを表現しているのである。

近藤の処分に関しても土佐藩と薩摩藩で意見が対立した。薩側は近藤をその

組に加入。勝沼戦争後、永倉新八と行動を共にし、若松城開城後、会津入りした加納道之助のはからいで開拓使に出仕した。

▼**中条常八郎**　一八六五（慶応元）年に京都で新選組に加入。鳥羽・伏見戦争、勝沼戦争に参戦後、永倉新八と行動を共にする。

▼**松本喜次郎**　一八四六〜六八。泉州岸和田《せんしゅうきしわだ》出身。新選組には一八六三（文久三）年秋から六四（元治元）年五月のあいだに加入。池田屋事件に参加。鳥羽・伏見戦争、勝沼戦争に従軍後、永倉新八と行動を共にするも、新選組に復帰したらしい。会津領三代《みよ》で戦死か。

▼**靖共隊**　永倉新八の旧知で幕臣となっていた芳賀宣道《はがのぶみち》が隊長、永倉と原田佐之助が副長、矢田賢太郎が士官取締となる。

▼**佐々井半十郎**　家禄二〇〇俵の幕臣。一八五〇（嘉永三）年備《びっ》中《ちゅう》倉敷《くらしき》代官となり、五七（安政

まま京都に護送すべしと主張、土佐側はあまりの寛典《かんてん》だと猛反発し、東山道先鋒総督の判断だけでは事はおさまらなくなり、ついに東征大総督の裁きで斬首、首級を京都に送ることに決した。処刑は四月二十五日、板橋宿で執行された。近藤護送の際、近習《きんじゅ》として同伴した相馬主殿《そうまとのも》▲と野村利三郎《のむらりさぶろう》▲の二人も同じく死罪とされていたが、近藤は、この二人は「昨今召抱候者にて、何事も存じ申さざること故、何卒助命なしくだされ候様」と嘆願、相馬は旧主の笠間《かさま》藩牧野《まきの》家に、野村は旧主の美濃に知行所《ちぎょうしょ》のある旗本加藤平内《かとうへいない》▲家に引き渡されるのである。

四)年甲斐市川《かいいちかわ》代官、六一(文久元)年関東幕領代官、六三(同三)年馬喰町《ばくろうちょう》二丁目詰代官となり、新政府への引継ぎまで勘定奉行のもとに行政官として活動し続けた。

▼**加納道之助**　四三ページ参照。

▼**清原清**　一八三二〜六八。熊本藩脱藩士。一八六五(慶応元)年四月に新選組に入隊するも、御陵衛士隊分離前後に脱走して大坂に潜伏、そののち衛士グループ残党に合流して薩摩藩付属となり、白河口の激戦で閏四月二十五日戦死。

▼**安岡道之助**　一八二五〜七六。安岡良亮《よしすけ》とも。土佐国幡多《はた》郡中村《なかむら》郷士。迅衛隊に参加し東山道軍小監察《しょうかんさつ》として活躍。一八七三(明治六)年白川県権令《ごんれい》、七五(同八)年熊本県県令《けんれい》となり、七六(同九)年十月神風連《しんぷうれん》の乱《らん》で殺された。

▼**相馬主殿**　六三ページ参照。

▼**野村利三郎**　六三ページ参照。

▼**加藤平内**　五〇ページ参照。

③——江戸開城時にいたる土方と榎本

江戸開城に対する旧幕臣の思い

一八六八(慶応《けいおう》四)年三月十五日、西郷《さいごう》が江戸《えど》総攻撃中止方を命じたのは、勝《かつ》とのあいだの二度の交渉で、勝の出した⑴慶喜《よしのぶ》隠居・水戸《みと》にて謹慎、⑵江戸城は明渡しのうえ田安《たやす》家に御預け、⑶軍艦・軍器残らずとりまとめて寛典《かんてん》の沙汰《さた》こうむりしうえ、相当の員数を残して引き渡し、⑷鳥羽《とば》・伏見《ふしみ》戦争従事の者、死罪宥免との諸条件が、東征大総督府《とうせいだいそうとくふ》ならびに京都太政官《だじょうかん》政府に対し西郷が自分で説得しうると判断したからであった。

「寛典の沙汰有るべし」との見通しは恭順派執行部から流されたとはいえ、具体的にはいかなる諸条件で主君慶喜が処分されるのか(軍門に下る儀式をとらされるか、どこにあずけられるか等々)、どのように自分たちの江戸城が明渡しになるのかは、旧幕臣《ばくしん》にとってはまったく不明のままである。第一にあらたな城地高はまったくわからない。零かもしれないのである。なんらの回答をも得ないままの明渡しそのものが彼らの怒りの根源にあった。それはそのまま、権力を横奪した新政府への恭順姿勢を貫いている勝・大久保《おおくぼ》ら絶対恭順派執行部への憤怒となる。

　四月四日、東海道先鋒《とうかいどうせんぽう》総督橋本実梁《はしもとさねやな》・副総督柳原前光《やなぎはらさきみつ》は西郷以下四人の参謀を随えて江戸城に入り、徳川《とくがわ》家を代表する田安慶頼《よしより》に朝旨《ちょうし》を伝えた。それは⑴四月十一日江戸城明渡し、⑵慶喜死罪一等を免じ水戸表にて謹慎、⑶江戸城は尾州藩《びしゅうはん》に相渡すべきこと、⑷軍艦・銃砲を引き渡すべし、追って相当部分は差戻し、⑷慶喜を助けた者ども、死一等を免ずべく、相当の処置あって言上すべきこと、とのみあって、家名存続・城地高決定等々、旧幕臣が心待ちにしていた重要案件にはなんらの言及もなされなかった。

　当然、旧幕府陸海軍は猛反発し、榎本武揚と陸軍総裁白戸石介《しらといしすけ》▲を代表者として、四月九日旧陸海軍幕臣一同の名をもって嘆願書を勝に提出する。⑴江戸城は徳川家相続者確定まで徳川亀之助《かめのすけ》に御預け、尾州家への相続は絶対不可、⑵徳川家家名存続ならびに城地高と領地決定のうえにて軍艦・銃砲を差上げ、という強硬な「嘆願」である。この幕臣内の激論は上野《うえの》の慶喜のもとにもそのまま伝わり、勝は先鋒総督参謀と折衝すべしとの慶喜の命を受け、あわせてこの嘆

▼**白戸石介**　?〜一八七六。幕臣。一八六五(慶応元)年十一月、講武所《こうぶしょ》砲術教授方出役《しゅつやく》、六六(同二)年四月騎兵差図役頭取、六七(同三)年六月騎兵並、六八(同四)年四月二十八日には陸軍副総裁から大目付《おおめつけ》に転じている。駿府《すんぷ》移封後は沼津《ぬまづ》勤番頭をつとめた。その後政府に出仕し、一八七四(明治七)年には軍馬局長となっている。

願書の趣旨がどの程度実現可能性があるものかを打診すべく、九日・十日の両日、先鋒総督府がおかれている池上本門寺《いけがみほんもんじ》に赴くのである。

桑名《くわな》藩士で開城時脱走組の一人中村武雄《なかむらたけお》は、この嘆願書が拒絶されたのを合図に、松平太郎《まつだいらたろう》と榎本武揚指揮のもと江戸府下で一斉蜂起を計画していたが、慶喜がこの計画を聞き、「江戸城を開て官軍《かんぐん》に渡す迄は水戸に赴かじ」と松平太郎らを叱責したため、水戸への慶喜退去後蜂起しようとする計画は失敗してしまったと回想▲している。どの程度までこの計画が具体化していたのかは不明だが、近藤《こんどう》・土方が新選組《しんせんぐみ》結成以来の盟友永倉新八《ながくらしんぱち》の勧告にもかかわらず、あくまで江戸近辺に兵力を維持し続けようとしていたことも、この中村回想と適合している。近藤の「慶喜の御処置によりて臣子《しんし》の分を尽」さんのみとの回答は中村の述べる論理のなかにピッタリとおさまるものであるだろう。「君辱《はず》かしめらるれば臣死す」との君臣の義に忠実であろうとする幕臣激派の論理と感情に、この時の近藤も同調していたのだった。異変が起こらなかったのを天佑《てんゆう》と、勝が感じたのも無理はない。

とすれば、四月十一日の江戸開城とともに旧幕臣・旧幕軍の多くが下総《しもうさ》から

▼**中村の回想**　『復古記《ふっこき》』第三巻四月十一日の条にあり。

下野《しもつけ》へ、あるいは上総《かずさ》へと脱走、各地で新政府軍と激突する動きになるほかはなかったのである。

旧幕臣の江戸脱走

その時の土方や榎本の動きを見る以前に、新選組の解体過程の概略をここで押さえておこう。それは一八六七(慶応三)年三月の伊東甲子太郎《いとうかしたろう》らの御陵衛《ごりょうえ》士《じ》グループの分離・独立から解体が開始、鳥羽・伏見戦争での戦死・戦傷者の離脱、江戸東帰後の「永の暇《いとま》」か脱走形態をとっての離散、勝沼《かつぬま》戦争敗北後の永倉らの離反と隊士の逃亡、そして流山《ながれやま》で包囲され、武器を没収されての新選組解体となっていく。前にふれた加納道之助《かのうみちのすけ》▲は、隊長伊東甲子太郎暗殺直後、桐《きり》野利秋《のとしあき》の口利きで薩摩藩《さつまはん》探索方となり、東山道《とうさんどう》勢に加わっていたため、平田九《ひらたく》十郎《じゅうろう》に依頼されて近藤の確認を行ったのである。

また五兵衛新田《ごへえしんでん》駐屯後、流山に赴かず離散した新選組隊士のなかには伊東甲子太郎殺害の張本人とみなされ、一八七〇(明治三)年十月に斬首される大石鍬《おおいしくわ》次郎《じろう》▲と共に、六五(慶応元)年四月、土方歳三による江戸での隊士徴募に応じて

▼加納道之助　一八三九〜一九〇二。伊豆《いず》国賀茂《かも》郡加納村出身。一八六四(元治元)年十月、伊東甲子太郎《いとうかしたろう》と共に新選組入隊。一八六七(慶応三)年三月御陵衛士隊に入り、甲子太郎暗殺後、薩摩藩庇護のもと、東山道先鋒軍において斥《せっ》候《こう》をつとめ、板橋に連行されていた近藤勇の人体《にんてい》確認の際、証言する。また大石鍬次郎《くわじろう》捕縛をも成功させた。

▼大石鍬次郎　一八三八〜七〇。一橋家家臣大石捨二郎《すてじろう》長男。脱藩ののち近藤勇《いさみ》の門弟となり、一八六四(元治元)年十月入隊。一八六七(慶応三)年十一月十八日油小《あぶらのこう》路《じ》で伊東甲子太郎を殺害。新選組の流山での解体後は東京に潜伏、元御陵衛士グループに捕えられて刑部《ぎょうぶ》省に送られ、甲子太郎殺害の罪に問われ、一八七〇(明治三)年十月十日斬首された。

▼**島田魁**　一八二八〜一九〇〇。美濃郷士《みののごうし》二男。京都で壬生浪士組結成時に加入。白河口《しらかわぐち》の闘いで五月二十七日、足に負傷。弁天台場《べんてんだいば》降伏ののち名古屋藩にあずけられ、一八七二(明治五)年六月愛知県より釈放申渡し。晩年は西本願寺《にしほんがんじ》の夜警をつとめている。

▼**中島登**　一八三八〜八七。多摩《たま》郡寺方《てらかた》村出身。一八六八(慶応四)年春に新選組に加入。勝沼戦争後は土方に従って奥州《おうしゅう》・蝦夷地《えぞち》を転戦、弁天台場で降伏後、一八七〇(明治三)年八月に赦免、晩年は浜松《はままつ》で鉄砲店を営むこととなる。

▼**松沢乙造**　一八六七(慶応三)年以前、京都で新選組に加入。一八六八(慶応四)年三月士分《しぶん》に取り立てられる。流山から土方に従い奥州を転戦、箱館《はこだて》では市中取締りの任に就いている。五月十一日、新政府軍の箱館総攻撃の日より行方不明となっている。

入隊した三井丑之助《みついうしのすけ》がいる。彼は板橋《いたばし》の東山道軍本営に出頭して降伏、薩摩藩の探索方となり、一八六九(明治二)年六月、同藩にめしかかえられ定府小姓《じょうふこしょう》となっている。薩藩に人物保証を行った人物は加納道之助と考えられる。組織の分解過程では個々の組士はさまざまな方向を選択していくのである。

さて、近藤の救解に奔走した土方歳三は、なんらの成果もあげられないまま、近藤と同じく徳川家処分の方向性を見定めるべく、依然として江戸にとどまっていた。土方と行動をともにする新選組士は島田魁《しまだかい》▲・中島登《なかじまのぼる》▲・松沢乙造《まつざわおとぞう》▲・漢一郎《かんいちろう》▲・畠山芳次郎《はたけやまよしじろう》▲・沢忠助《さわちゅうすけ》▲の六人だった。土方は江戸開城とともに旧幕陸軍が大量に脱走する計画を知っており、四月十日夜、今戸《いまど》から小梅《こうめ》村をへて市川《いちかわ》をすぎ、四月十一日鴻之台《こうのだい》に一泊した。四月十二日に脱兵およそ二〇〇〇余人がこの地に集合するのである。以下、参加部隊を見ていこう。

(1)歩兵奉行《ぶぎょう》大鳥圭介《おおとりけいすけ》率いる小川町《おがわまち》伝習第二大隊(フランス式訓練を受けた大隊)四五〇人。幹部に歩兵頭《かしら》並本多幸七郎《なみほんだこうしちろう》▲、歩兵差図役《さしずやく》頭取大川正次郎《おおかわまさじろう》▲らがおり、そのもとに将校・下士官が三〇〜四〇人従い、また伝習生徒四〇〜五〇人なども加わり、総数六〇〇人となっている。

(2)歩兵差図役並秋月登之助《あきづきとうのすけ》率いる大手前《おおてまえ》伝習第一大隊(六尺《ろくしゃく》・火消など五尺二寸以上の者を集めた大隊)七〇〇人。秋月は会津《あいづ》藩士で本名江上太郎《えがみたろう》である。

(3)小花和重太郎《おばなわしげたろう》▲・米田桂次郎《こめだけいじろう》▲兄弟率いる第七連隊(一八六四〈元治《げんじ》元〉年兵賦で組織した七ヵ連隊の一つ)三五〇人。この第七連隊に永倉新八らの靖共《せいきょう》隊が従っている。

(4)桑名藩士の一隊二〇〇人。このなかには土方が京都で熟知の松浦秀八《まつうらひではち》・立見鏗三郎《たつみこうざぶろう》・馬場三九郎《ばばさんくろう》らが加わっている。

(5)工兵頭並吉沢勇四郎《よしざわゆうしろう》▲率いる土工兵(鳶職・石工《いしく》・左官《さかん》などで編成した部隊)二〇〇人。この隊に小菅辰之助《こすげたつのすけ》▲も加わっている。

(6)土方歳三と新選組残党。

ここで全体をどうまとめていくかの軍議が開かれ、総督に大鳥圭介を選出、軍を伝習第一大隊・桑名藩士・新選組・土工兵からなる先鋒隊、伝習第二大隊の中軍、第七連隊の構成する後軍の三軍に分け、先鋒隊隊長は江上太郎がつとめ、参謀には新選組の副長として著名で、その機智勇略を信頼されていた土方歳三が選ばれた。

▼漢一郎　一八三八～六八。新選組入隊は一八六七(慶応三)年後半か。流山での新選組解体の後は土方側近として行動、八月二十日母成《ぼなり》峠の闘いで戦死する。

▼畠山芳次郎　一八六八(慶応四)年春、江戸で新選組に加入。五兵衛新田に駐屯、以降、土方歳三に従って各地に転戦、十月仙台《せんだい》で降伏する。

▼沢忠助　京都の人。一八六七(慶応三)年以前に新選組に加入した。近藤・土方付の召抱人として士分に取り立てられ、近藤捕縛後は土方の忠実な従僕として行動、一八六九(明治二)年五月十一日の土方の最期も見届けている。

▼本多幸七郎　一八四一～一九〇五。旗本《はたもと》。一八六八(慶応四)年三月歩兵頭並。小川町大隊に所属。四月二十三日の宇都宮戦で負傷、母成峠の闘い後、蝦夷地に渡る。降伏後、沼津兵学校体操教師、一八七一(明治四)年陸軍に出仕した。

▼**大川正次郎**　一八四四～七九。幕臣。一八六四（元治元）年天狗党《てんぐとう》討伐に従軍。鳥羽・伏見で闘う。小川町大隊に属し脱走、日光口・母成峠で戦闘、一八六九（明治二）年四月二股口《ふたまたぐち》を堅守、廃藩後は陸軍に出仕、西南《せいなん》戦争に出征した。

▼**小花和重太郎**　一八三五～六八。旗本で歩兵差図役頭取をつとめ、脱走部隊に加わったが、四月二十三日、宇都宮戦争で戦死。

▼**米田桂次郎**　一八四三～一九一七。小花和重太郎の弟。一八六〇（万延《まんえん》元）年遣米使節団では立石《たていし》得十郎《とくじゅうろう》養子立石斧次郎《おのじろう》の肩書をもって随行した。母方の米田姓を名乗り、歩兵頭並として脱走部隊に加わり、会津に入ってからは武器調達にかかわっていたスネルの通訳として活動、一八六八（明治元）年十月には上海《シャンハイ》に渡っている。一八七〇（明治三）年には長野桂次郎の名で加賀《かが》藩致遠館《ちえんかん》英語教師となり、七一（同四）年十一月からは

宇都宮戦争

一八六八（慶応四）年四月十二日、先鋒隊は水海道《みつかいどう》・下館《しもだて》をへて、中軍・後軍は小山《おやま》・壬生《みぶ》をへて宇都宮《うつのみや》での集結を約し、大鳥軍は北上を開始した。四月十五日、さらに加藤平内《かとうへいない》率いる御料兵《ごりょうへい》（江戸近辺幕領《ばくりょう》良家の子弟を募集して編成した部隊）および撒兵《さっぺい》《さんぺい》頭天野加賀守《あまのかがのかみ》▲（花陰《かいん》）率いる草風《そうふう》隊（村上求馬《むらかみきゅうま》も幹部として指揮している）が大鳥軍に合流する。

江上・土方らの先鋒隊は下妻《しもづま》・下館の両藩で参加を勧誘したのち、四月十九日早朝、宇都宮を攻撃、江上・土方らは先頭に立って終日勇戦奮闘、夕刻にいたり宇都宮城を陥落させる。この十九日、新政府軍に幽閉されていた板倉勝静《いたくらかつきよ》・勝全《かつまさ》父子は脱出、日光《にっこう》に向かったのである。

一方、大鳥軍に参加しないまま、江戸を脱走した純義《じゅんぎ》隊（隊長会津藩士小池周吾《こいけしゅうご》）、貫義《かんぎ》隊（隊長松平兵庫頭《ひょうごのかみ》）▲、誠忠《せいちゅう》隊（槍刀《そうとう》隊、隊長山中孝司《やまなかたかし》）の三隊は四月十六日、小山を攻撃、守備していた軍監平川和太郎《ひらかわかずたろう》率いる彦根《ひこね》藩兵を敗走させる。翌十七日、軍監香川敬三《かがわけいぞう》率いる彦根・足利《あしかが》・岩村田《いわむらた》の三藩兵が同地を回復したものの、大鳥軍は同日、三方面より小山を攻撃して新政府軍を破っている。そ

の前日の四月十六日、大鳥軍は結城《ゆうき》を守っていた祖式金八郎《そしききんぱちろう》勢が大鳥軍に備えていた結城—諸川《もろかわ》間にある武井《たけい》村陣地を攻撃し、祖式勢を潰走させている。

大鳥軍は四月十七日午後、小山から壬生街道の飯塚《いいづか》に進軍しようとした時、須坂《すざか》・館林《たてばやし》・笠間《かさま》藩兵が来襲、苦戦を強いられるもそれらを撃退して、十七日は飯塚に宿泊、壬生は新政府軍によりすでに押さえられていたので、栃木に迂回することとして、十八日に合戦場、十九日に鹿沼《かぬま》泊りで、二十日先鋒隊が攻め落とした宇都宮城に入るのである。

さきの四月十六日、小山を一時占領した純義・貫義・誠忠の三隊ならびに回《かい》天《てん》隊(隊長相馬左金吾《そうまさきんご》)は四月十九日には下総の岩井《いわい》に屯集、薩兵一〇〇人、長兵一〇〇人、大垣《おおがき》兵一〇〇人からなる新政府軍がこの四隊を猛攻撃して四隊は敗走した。勝海舟《かいしゅう》配下の鎮撫方石坂周造《いしざかしゅうぞう》がこの地に出張し敗残兵の江戸帰還を勧誘するも、誠忠隊のみがこの勧めに応じただけで、他の三隊は宇都宮に赴き大鳥軍に合流する。

▲四月二十二日、大鳥軍と新政府軍は壬生城の北二里《り》の安塚《やすづか》の地において激突する。新政府軍主力は土州《としゅう》・因州《いんしゅう》両藩兵である。暴風雨のなかでの激戦はつ

岩倉《いわくら》遣米欧使節団に書記官として随行、その後官界で活躍する。

▼**吉沢勇四郎**　?～一八六九。幕臣。一八六六(慶応二)年砲兵差図役頭取勤方。一八六八(慶応四)年二月工兵頭並。慶喜の水戸行きに随行するも脱走。榎本艦隊北上に加わり、工兵隊を率いて蝦夷地で転戦、五月十一日に戦死する。

▼**小菅辰之助**　一八三二～八八。幕臣。歩兵頭並から一八六八(慶応四)年三月工兵頭並となる。実弟神谷定暉《かみやさだてる》(関敬吉《せきけいきち》)らと共に四月以降各地を転戦、一八六九(明治二)年五月降伏後は静岡藩に復籍、七一(同四)年から陸軍に出仕、工兵大佐にいたった。

▼**天野加賀守**　一八三二～一九一八。旗本。一八六六(慶応二)年十二月撤兵頭。会津で降伏後静岡藩に引きとられ、一八六九(明治二)年赦免。一八七八(明治十一)年『有喜世《うきよ》新聞』を創刊した。

いに大鳥軍の敗北となり、翌二十三日、薩摩・大垣二藩兵を主力とした新政府軍（土因両藩兵は安塚の激戦で疲労、参加していない）は宇都宮奪還をめざして猛攻撃、結局、結城方面からの薩・長・大垣三〇〇人の敵勢に御料兵が敗れたため、宇都宮を放棄し今市《いまいち》に退却することとなった。このような大規模の戦闘の場合、江戸脱走時の大砲と弾丸・弾薬の準備不足が致命的となったのである。土方歳三も宇都宮戦で力戦するなか、足指に重傷をおい会津で治療せざるをえなくなった。

　今市に退却するなか、大鳥軍に加わっていた桑名勢は、主君松平定敬《さだあき》が越後《えちご》柏崎《かしわざき》にいると聞き、大鳥軍を辞して会津経由で柏崎に向かった。

　四月二十八日、大鳥軍の滞陣する今市に松平太郎が鎮撫のため恭順派執行部の書付を持参してかけつけている。江戸開城後のことゆえ、松平は通行許可を東征大総督府から獲得しての今市行きである。新政府軍への理由説明では、「野州の戦徒鎮撫《ちんぶ》致さずては、徳川恭順の姿相立ち難く、歎はしく在るにより」、嘆願して通行許可を得たと述べている。他面で松平は大鳥に金子《きんす》を渡しているのである。

▼**松平兵庫頭**　戊辰戦争の帰趨が決定的になった九月五日、再起をはかろうとする兵庫頭は安田幹《やすだみき》雄《お》および兵庫頭従僕二人と共に庄《しょう》内《ない》藩に頼ろうとして密かに仙台を脱し出羽《でわ》に向かう途中、仙台藩監《かん》察《さつ》に命じられた仙台藩士たちが、この四人を殺害した。『仙台戊辰《ぼしん》史《し》』では外国の力を借りて新政府軍に抗戦を続けようとしたため、としているが、根拠を示す史料は伝えられてはいない。

▼**安塚の闘い**　土佐《とさ》藩迅衝《じんしょう》隊の死傷者は、板垣退助《いたがきたいすけ》の報告によれば二六人、うち七人が戦死、戦利品は小銃六九挺などとなっている。

▼**山川浩**　一八四五～九八。会津藩家老。一八六六（慶応二）年樺《から》太《ふと》境界議定《ぎてい》使節に随行してロシアに渡航、戊辰戦争では日光口を守

今市では、ここで迎撃戦を行うのか、いったん会津領に引き揚げて態勢を立て直すかで激論が闘わされたが、結局、後者の意見に決し戦傷者を搬送しながら、山間の難路をへて閏《うるう》四月五日、会津藩領田島《たじま》に着する。応接するのは会津藩若年寄《わかどしより》山川大蔵《やまかわおおくら》(浩《ひろし》)▲、ここで改めて大鳥が総督となり、山川は副総督となって大鳥軍と会津藩兵軍とのあいだの調整にあたることとなる。

会津の地での脱走兵再編成

ここ田島の地で大鳥軍の再編成が行われた。概略は左のごとくである。

〔第一大隊〕　伝習第一大隊四五〇人。江上太郎が隊長、牧原文吾《まきはらぶんご》・内田衛守《うちだえもり》が参謀となった。牧原・内田ともに会津藩士である。土方は上述のように会津に療治に赴いているため、この人事からははずれている。

〔第二大隊〕　伝習第二大隊三五〇人。大川正次郎《おおかわしょうじろう》と歩兵頭並沼間守一《ぬまもりかず》▲が隊長となった。沼間は江戸開城以前の三月三日、兄の須藤時一郎《すどうときいちろう》▲ら将校七人、下士官一一人と脱走して会津に赴き、会津藩兵の洋式軍事訓練に従事していたのである。

備して奮戦。開城後は斗南《となみ》藩大参《だいさん》事《じ》、西南の役《えき》で軍功をあげた。著書に『京都守護職始末《きょうとしゅごしょくしまつ》』がある。

▼**沼間守一**　一八四四〜九〇。幕臣。一八五九(安政六)年長崎で英学を学び、とくに洋式兵学を勉強、のち陸軍伝習生となりフランス式伝習を学び、歩兵差図役頭取から慶応四年一月歩兵頭並となる。鳥羽・伏見での敗報が伝えられるや、兄須藤時一郎や伝習隊精鋭らと共に会津・庄内両藩兵に操練を教授、翌年には東京で高知藩兵の訓練にあたった。その後、自由民権運動のリーダーとなる。

▼**須藤時一郎**　一八四一〜一九〇三。幕府代官元締高梨仙太夫《たかなしせんだゆう》長男。幕府外国方となり一八六三(文久三)年池田長発《いけだながおき》遣仏使節に随行、帰国後歩兵指図役となり、六八(明治元)年弟沼間守一と行動を共にし、維新《いしん》後は銀行家として活躍した。

〔第三大隊〕　第七連隊と元御料兵二〇〇〇人。加藤平内▲・山瀬主馬《やませしゅめ》・天野雷四郎《らいしろう》が隊長となった。

〔第四大隊〕　草風隊・純義隊ほか二〇〇〇人。天野加賀守・村上求馬・小池周吾が隊長となった。副総督山川大蔵は会津より率いてきた軍事に熟達している会津藩士をこの四大隊のそれぞれに附属させるのである。

ところで、四月十一日の江戸開城を機に船で上総木更津《きさらづ》に脱走したのが、撤兵▲頭福田八郎右衛門《ふくだはちろうえもん》▲率いる旧幕兵一五〇〇人である。彼らは木更津に「徳川義軍府」の標札を掲げて本営をおき、近傍の村々に宿陣し、請西《じょうさい》藩はじめ各地に「徳川恢復《かいふく》同心協力」の義を申し入れ、新政府軍に抵抗する姿勢を示すのである。

なお、三月九日、梁田《やなだ》の闘いに敗れた古屋《ふるや》・今井《いまい》部隊は会津藩領を経由(この際、一橋《ひとつばし》領播州《ばんしゅう》の徴募兵よりなる歩兵第一六連隊二カ中隊を合併、自隊を衝鋒《しょうほう》隊と名乗ることとなる)、越後に出、三月二十九日には新発田《しばた》藩に、四月十七日には高田《たかだ》藩に徳川氏の冤枉《えんおう》を雪《そそ》ぐため同心協力すべき旨を説き、同月二十日には信州《しんしゅう》飯山《いいやま》にいたり、飯山藩に同盟の盟約を強要する。

同月二十五日、古屋・今井勢は旧幕領中野陣屋《なかのじんや》に滞陣する尾張《おわり》・松代《まつしろ》・須坂

▼**加藤平内**　?〜一九〇四。知行地三六四一石を美濃国に有する旗本。一八六六(慶応二)年八月組合銃隊頭、六七(同三)年十月には歩兵頭並に任じられている。加藤家の知行地は美濃池田《いけだ》郡にあるので、東山道先鋒総督の前に二月帰順し、主人が帰順に従わない場合には宗家《そうけ》加藤遠江守《とおとうみのかみ》に示談して家名相続方を談ずると誓約している。平内本人は四月十一日、江戸を脱走、御料兵《ごりょうへい》を率いて新政府軍と闘うこととなる。

▼**撤兵隊**　文久(一八六一〜六四)時の幕府軍事改革で、組同心《どうしん》・小普請《ぶしん》・下層奉公人《ほうこうにん》は「持小筒組《もちこづつぐみ》」と命名された銃隊に編成されたが、一八六六(慶応二)年九月、撤兵と改称され、それまでの「持小筒組之頭」は撤兵頭とされた。

▼**福田八郎右衛門**　生没年未詳。代官《だいかん》川上金吾助の子に生まれ、旗本福田下総守の養子となる。一八

六五（慶応元）年第一回伝習生徒に選抜され横浜《よこはま》語学所で仏語を学ぶ。一八六六（慶応二）年十二月撤兵差図役から開成所《かいせいじょ》取締役となり、横浜で英仏語学の伝習と生徒取締りにあたった。一八六八（慶応四）年一月撤兵頭となる。市川・船橋《ふなばし》・五井《ごい》・姉ケ崎《あねがさき》での戦闘後、大多喜《おおたき》方面に逃走するも捕縛され、獄死した。

藩兵と千曲川《ちくま》を挟んで激戦、後退して飯山藩兵と共に闘おうとするも、飯山藩は新政府軍側に立って古屋勢を攻撃、背後の高田藩に反覆の色が見えたので、やむをえず越後の川浦《かわうら》、さらに二十七日には小千谷《おぢや》に退くのである。困難な後退戦の殿《しんが》りは今井信郎《のぶお》が指揮している。

旧幕海軍の館山への脱走

海軍副総裁榎本武揚と海軍士官一統においては、「主君軍門に下る」との屈辱的儀式だけは避けられたものの、家名存続・城地高決定の件にはなんら言及しない四月四日の勅諚《ちょくじょう》への憤懣《ふんまん》が蓄積される。そのなか、西郷との交渉で勝の求めた「軍艦相当の員数を残しての引渡し」も聞き届けられず、ましていわんや四月九日「嘆願書」の「家名存続並びに城地高・領地決定の上にて軍艦差上げ」など一顧だにもされない新政府軍の有無をいわせぬ指令を、彼らは受け容れる気はさらさらもってはいなかった。矢田堀《やたぼり》海軍総裁の「総督府の嘆願書への御沙汰《ごさた》を待たず、軍艦悉く差上ぐべし」との命令を無視し、四月十二日、榎本武揚と海軍士官は観光《かんこう》・蟠龍《ばんりゅう》・咸臨《かんりん》・朝陽《ちょうよう》・富士山《ふじやま》・回天《かいてん》・開陽《かいよう》の幕府艦船七艘を率いて館山《たてやま》に脱走する。新政府軍と脱走艦隊の板挟みとなった矢田堀は身を隠してしまった。

江戸開城直後の陸海軍のこの脱走事件は、勝・大久保・山岡《やまおか》らの恭順派執行部は裏で彼らを煽動しているのだとの新政府軍内強硬派の疑いを裏づけるものとなり、勝らの恭順姿勢の対価を獲得しようとする工作の余地を大きく狭めるものとなった。ただし、この軍艦脱走事件に関しては、勝は一方的に榎本を非難する立場をとらなかった。自分を深く信頼してくれている西郷でさえ、この件での勝の要望を新政府側に呑ませることは不可能だったことを理解した彼は、四月九日・十日の東海道先鋒総督府参謀の海江田信義《かえだのぶよし》▲・木梨精一郎《きなしせいいちろう》への折衝では、「軍艦にあらざる護送船は御引渡不申積なり、差出候内右等は御戻下され度《たく》」ときちんと釘を差している。あやうい駆引きを勝は試みるのである。「徳川の家名にも相拘り申すべく」との威嚇のもと、矢のような新政府軍からの引渡し督促を受けつつも、勝は榎本側の意見もそれなりに聞きつつ、脱走した幕府艦船を新政府軍側に引き渡すのは遅れに遅れ、四月二十四日から二十八日にかけてのこととなった。そして富士山・朝陽・翔鶴《しょうかく》・観光の四艦船のみが渡され

▼**海江田信義**　一八三二〜一九〇六。薩摩藩士。桜田門外《さくらだもんがい》の変《へん》にかかわった有村雄助《ありむらゆうすけ》・次左衛門《じざえもん》兄弟の長兄。安政大獄で獄死した日下部伊三治《くさかべいさじ》（旧姓海江田）の長女マツと結婚、海江田家を継ぐにいたって海江田姓に改めた。一八六八（慶応四）年には東海道先鋒総督参謀となり、西郷隆盛の意を受けて活躍、大村益次郎と対立、この対立は翌六九（明治二）年十二月の京都弾正台《だんじょうだい》による大村暗殺者処刑中止事件（＝粟田口《あわたぐち》止刑事件）にも尾を引くこととなる。一八八一（明治十四）年には元老院《げんろういん》議官に任じられた。

るのである。翔鶴は運送船、富士山は一二門搭載の実戦にたえうる軍艦、ただし朝陽は八門搭載の軍艦だが機関が故障、そして観光は「是は唯今廃船にあいなり、番人少々付置候」と述べられているようにほとんど使いものにならない老朽艦であった。幕府の主力艦開陽（二六門）をはじめ蟠龍（四門）・回天（一二門）・咸臨（一二門）は引き渡されず、また翔鶴以外の輸送船すべては依然として幕府海軍のもとにとどめられたのである。

　この艦船引分けは勝と海江田・木梨両参謀との相談の結果であった。しかし四月四日の勅命《ちょくめい》による申渡しと大きく異なってしまった処置に関しては新政府軍内部で批判が噴出、勝の表裏ある考えの表れだとか海江田は徳川よりの動きをしているとの非難が湧き起こる。これが閏四月初旬、軍防事務局判事に任じられた大村益次郎《おおむらますじろう》▲が江戸にくだってより、海江田・大村両者の激突となるのである。

▼大村益次郎の派遣　一八六八（慶応四）年四月、東海・東山両総督府対立調査のため江藤新平《えとうしんぺい》・小《お》笠原唯八《がさわらただはち》が派遣され、両人は東征大総督府を優柔不断と報告、これを受け新政府は大村益次郎を軍防事務局判事に任じて四月二十七日江戸に急派、さらに閏四月十日三《さん》条実美《じょうさねとみ》を大監察使とし関東処分の全権を委任、実美は二十四日、西郷とともに到着する。

④—船橋戦争・遊撃隊・上野戦争

房総の旧幕軍

一八六八(慶応《けいおう》四)年四月十一日江戸《えど》無血開城後、江戸での新政府軍全体を統御する東征大総督府《とうせいだいそうとくふ》は行政機構を有してはいなかった。江戸開城後も江戸と関《かん》八州《はっしゅう》の行政は旧幕のそれに依拠するほかない。徳川《とくがわ》家の家名存続と城地高決定なくして行政機構を江戸には開設できないのである。西郷《さいごう》と海江田《かえだ》の強い支持のもと、大総督宮は閏《うるう》四月二日、勝《かつ》の恭順姿勢とその奔走を賞讃し、江府鎮撫《ごうふちんぶ》を勝たち恭順派執行部に一任する。家名と領地高、そして領地がどこになるか、ここが勝と新政府の駆引きとなる。この駆引きの勝側の担保となるのが、繰り返し述べている江戸と関八州の鎮撫なのである。

しかし新政府の高圧さと、家名・領地についてまったく言及されないことは旧幕臣《ばくしん》の反発と反感をさらに増大させていったのも事実であった。鎮静化を完全に実現して不当な処分を押し付けられなくするのか、あるいは旧幕の威力を示しつつ、譲歩を勝ちとるのか。どちらも一つの立場となる。

▼**江原鋳三郎**　一八四二〜一九二二。幕臣。一八六八(慶応四)年一月、鳥羽・伏見戦争に参加、二月撤兵頭並、ついで撤兵頭となり、江戸開城後、下総《しもうさ》八幡で闘い、重傷をおって江戸に戻り、駿府移封に従って一八六九(明治二)年少《しょう》参事《さんじ》となる。廃藩《はいはん》後は地元で実業を興こし、一八九〇(同二十三)年には衆議院議員となった。

▼**人見勝太郎**　一八四三〜一九二二。幕臣。一八六七(慶応三)年十二月、遊撃隊隊士となる。鳥羽・伏見戦争後、遊撃隊士らを率いて江戸を脱走、各地で転戦して、五稜郭《ごりょうかく》降伏後、香春《かわら》藩預けとなり、一八七〇(明治三)年帰藩、一時薩摩に遊学、七六(同九)年から政府に出仕、八〇(同十三)年三月には茨城県令《けんれい》となる。加波山《かばさん》事件の責をおい一八八五(明治十八)年七月非職となった。

　後者の立場をとるのが脱走撒兵《さっぺい》《さんぺい》隊となった。木更津《きさらづ》の撒兵隊は閏四月に入ると新政府軍に闘いを挑むことに踏みきり、撒兵頭並《なみ》江原鋳三郎《えばらいさぶろう》▲（のちの素六《そろく》）を隊長とする第一大隊は中山法華経寺《なかやまほけきょうじ》に進出、撒兵頭並堀岩太郎《ほりいわたろう》を隊長とする第二大隊は船橋《ふなばし》大神宮に進んだ。八幡《やわた》の新政府軍陣営から「速かに武器を引渡し謹慎の実を示すべし」との勧告がなされるも撒兵隊側はこれに応ぜず、閏四月三日未明より八幡の地において戦闘状態に突入した。第一大隊は八幡の初戦に勝ち、新政府軍を市川《いちかわ》まで攻めたのちに反転、同日午後船橋海神《ふなばしかいじん》まで来た時に矢野安太夫《やのやすだゆう》率いる福岡藩兵勢と遭遇、双方に多数の死傷者を出す激戦となり、結局、撒兵隊側の敗北となった。勝ら恭順派執行部も上総《かずさ》の撒兵隊鎮撫のため「武総《ぶそう》鎮撫方」松濤権之丞《まつなみごんのじょう》を同地に派遣するのだが、閏四月六日、彼は撒兵隊第三大隊長増田直八郎《ますだなおはちろう》らに切り殺されている。

　新政府の処置に憤激した幕臣人見勝太郎《ひとみかつたろう》▲や伊庭八郎《いばはちろう》▲も、奥詰幕臣から編成された遊撃隊の面々を率いて、四月下旬上総に脱走、請西《じょうさい》藩主林昌之助《はやしまさのすけ》▲を同志に獲得、各地に同志をつのりつつ南下した。ついで閏四月八日には安房館山《あわたてやま》藩を勧誘、威圧を加えるため榎本艦隊の一船大江丸《たいこう》から大砲を数発発射させ、十

▼**伊庭八郎**　一八四四〜六九。幕臣。心形刀流《しんけいとう》の遣い手。一八六八（慶応四）年一月、鳥羽・伏見戦争に加わったのち遊撃隊を組織、五月下旬の箱根戦争で左腕を切られ、潜伏中、手術によって切断、片手の身で美加保《みかほ》に搭乗する。

▼**林昌之助**　一八四八〜一九四一。一八六七（慶応三）年八月、上総国請西藩藩主となる。一八六八（慶応四）年閏四月、伊庭八郎・人見勝太郎らの遊撃隊に呼応、六〇人の家臣を率いて脱藩、奥州で転戦するが、自分は徳川宗家が滅亡することを悼んで闘ってきたが、徳川宗家が七〇万石で駿府に封ぜられたことでみずからの使命は終ったと判断、徹底抗戦を主張する人見らの遊撃隊と仙台で別れ、十月降伏・謝罪した。

日には真鶴《まなづる》に赴くため和船二艘に分乗、大江丸がこれを数里のあいだ海上を牽引、ただし新政府軍に探知されないため、大江丸は十一日夜明け前に牽《ひ》き綱を解いて帰っている。なお、この大江丸は閏四月二十三日、恭順派執行部により二万五〇〇〇両で仙台《せんだい》藩に売却の約束がなされた。遊撃隊はその後韮山《にらやま》・御殿《ごてん》場《ば》・黒駒《くろこま》などを転々と移動するが、結局沼津《ぬまづ》在香貫《かぬき》村霊山寺《りょうぜんじ》に滞陣することとなり、この遊撃隊・林昌之助と請西藩兵以外に、前橋《まえばし》藩（富津陣屋《ふっつじんや》の者）・飯《いい》野《の》藩・勝山《かつやま》藩・館山藩・岡崎《おかざき》藩などの脱藩兵、さらに元駿府《すんぷ》勤番の者まで加わって総勢二七五人にまで膨脹、鎮撫のため山岡鉄舟《やまおかてっしゅう》や石坂周造《いしざかしゅうぞう》がこの地にかけつけるのである。

　勝ら恭順派執行部は、あらゆる手段をつくしても各地の暴発を防ごうと鎮撫方に奔走し、上総に脱走した撤兵隊が、結局、閏四月十日頃に解散となるや、江戸に戻して自宅謹慎とさせるなど努力し続ける。ただし勝は新政府側のやり方にも強い不満を抱き続けてもおり、旧幕臣の沸騰を根本的に鎮めるため、水《み》戸《と》に移って謹慎中の徳川慶喜《よしのぶ》の江戸帰還と江戸城の徳川家への還付を実現しようと試みるも、この彼の動きは客観的には彼をさらに厳しい状況においこむことになる。

新政府軍内対幕強硬派、とくに長州《ちょうしゅう》・土佐《とさ》両藩は、勝・大久保・山岡らが表には恭順態度を示しつつも、裏では旧幕臣たちに武器・弾薬を渡して脱走させ、新政府軍に敵対させている、江戸城を一挙に総攻撃して禍根を断っておけば江戸近傍でこのような動きや奥羽《おうう》での敵対行動は起こらずにすんだのに、との眼鏡の度がさらに進行していった。板挟みになったのは、西郷の意向を受け、勝・大久保・山岡らの恭順姿勢は正真正銘のものだと信頼しつつ、それまで勝と新政府軍との仲介役となってきた海江田信義《のぶよし》だった。海江田は勝の慶喜帰府願いを取り継ぐことを拒否し、総督宮熾仁親王《たるひとしんのう》に直接言上させてくれとの勝の頼みもきっぱりとはねのけた。海江田は、勝が親王に会ったならば、帰路必ずや、勝は新政府軍内強硬派に要撃・殺害されると真剣に憂慮するようになってきたのである。▲

彰義隊と上野戦争

最終的に勝の路線を挫折させたのが彰義《しょうぎ》隊と新政府軍との上野《うえの》戦争であった。

▼**五月十五日の勝の家**　勝の自宅には五月十五日当日、新政府軍が乱入、刀・鎗・雑物を掠奪した。自宅にいたならば殺害された可能性がある。同日、銃隊頭多賀《たが》上総の自宅は新政府軍に焼打ちされている。

大政奉還《たいせいほうかん》を断行したにもかかわらず薩摩《さつま》の政権横奪、さらにこれほどまでに恭順姿勢をとり続けているにもかかわらず徳川家家名存続すら明言せず、ひたすら屈従姿勢のみを要求し続けているとの思いが、忠義心の強い幕臣たちの胸に蓄積されていく。彰義隊自体、この年二月、慶喜の出身家たる一橋家家臣《ひとつばしけかしん》によって結成されたもの、上野の寛永寺《かんえいじ》大慈院に謹慎する旧主身辺を案じての組織化であった。勝ら恭順派執行部もこの組織を公認しているのである。

彰義隊は当初浅草本願寺《あさくさほんがんじ》を屯所《とんしょ》としていたが、その後、慶喜の護衛を標榜して屯所を上野に移し、四月十一日慶喜が水戸に移るや、輪王寺宮《りんのうじのみや》の護衛と寛永寺の神君御神像・重器守護、さらに市中警護を屯集の名目とした。このため有力幕臣を組織のトップにおく必要が生じ、七〇〇〇石《ごく》の旗本池田大隅守《はたもといけだおおすみのかみ》▲が頭取、旗本春日左衛門《かすがさえもん》▲と菅沼三五郎《すがぬまさんごろう》▲が頭取並となる。勝ら恭順派執行部は、この彰義隊をもって市中鎮撫の機能を果たさせようとするが、譜代《ふだい》諸藩江戸藩邸のサムライたちもそれぞれ有志隊を結成して彰義隊に加わり、高圧的な新政府軍に反抗的な態度を露骨にし、そして輪王寺宮を取り巻く寛永寺僧侶幹部がこの動きを煽動、新政府軍兵士を殺害する者まであらわれてきた。

▼**池田大隅守**　一八四一〜？。旗本。知行高《ちぎょうだか》七〇〇〇石。岡山藩池田家末家。一八六四(元治元《げんじ》)年七月御小性《おこしょう》。一八六八(慶応四)年には小田井蔵太《おだいくらた》と共に彰義隊頭に任じられた。蝦夷地《えぞち》に渡ったのちの十一月、彰義隊内で渋沢成一郎《しぶさわせいいちろう》に反発する旧天野八郎《あまのはちろう》派が分裂、大彰義隊を称した折、菅沼三五郎と共に推され隊長となった。一八六九(明治二)年五月、新政府軍箱館総攻撃の直前に同地を脱し、本家《ほんけ》岡山藩を介して自訴、七月赦されて本家の扶助を認める通達を授かった。

▼**春日左衛門**　一八四五〜六九。八五〇〇石を知行する旗本。一八六八(慶応四)年二月、彰義隊結成時頭並。六月二十六日和船で奥州に脱出、陸軍隊を率い蝦夷地の各地で闘うも、五月十一日戦死する。

▼**菅沼三五郎**　一八二九〜?。幕臣。高三〇〇俵。一八六六（慶応二）年十二月諸大夫となり備後守《びんごのかみ》を名乗る。一八六八（慶応四）年には彰義隊頭並。蝦夷地に渡ったのちの十一月、彰義隊内に内紛が超こった際、松平太郎らに隊状を報告して収拾につとめ、大彰義隊改役となった。五月十一日の箱館総攻撃の際、重傷をおって没した。

勝の恭順姿勢は、新政府からの劣悪な待遇条件押付けを許さないためのものであった。「若《も》し我《わ》が臣民《しんみん》従容《しょうよう》として其御処置を待ち慎て其命《そのめい》に応じなば、是等《これら》の御処置御施行の地無く、空敷《むなしく》時期を経て士民其心をして離散せしむるに過ぎざるべし、……然るを思はず、私党を結び路上に横わり、或は官兵を殺害す、災害不日に生ぜむとす」との彼の言葉は勝の心中の思いを述べてあますところがない。ぎりぎりの五月十四日の輪王寺宮への書状においても、「既に御相続も仰せ出だされ候御事（閏四月二十九日のこと）ゆえ、不日に城邑領国も仰せ出ださるべく候や、譬《たとへ》罪人に候とも、獄中飲食を以《もっ》て相あたえずと申す筋は御坐無く候御儀、数万の家来召し抱え居候家柄、領国長く仰せ出だされこれ無く候と申す筋は毛頭御坐なき候御事と存じ奉り候、且御処置に付ては負罪の小臣輩、彼是《かれこれ》御疑念申上げ候筋にはこれなく、寡君至誠の処、御明察相成り候はば、公明上下に貫き正大海外古今に徹候所を以て仰せ出ださるべき御事と存じ奉り候」と隠忍自重を最後まで説き続けるのである。

その勝は、他方では、朝臣《ちょうしん》化しない旗本の知行所《ちぎょうしょ》差戻しを運動したり、西郷への手紙にも徳川家臣とその家族の生活のために過酷な削封を行わないよう

にと懇請している。▲

しかし、江戸に来た軍防事務局判事大村益次郎《おおむらますじろう》は、海江田のやり方は徳川よりで、このままでは江戸の治安が保てない、この状態のままでの城地石高《こくだか》の申渡しは何を引き起こすかわからないと、江戸処分の全権を委任されて閏四月二十四日に江戸に着任した輔相三条実美《さんじょうさねとみ》と相談、彰義隊を壊滅させる準備に取りかかった。そのため閏四月二十九日の田安慶頼《たやすよしより》への申渡しには城地高への言及はなく、徳川宗家《そうけ》を田安亀之助《かめのすけ》▲に相続させるのみのものとなり、さらに五月二日には、それまで勝ら恭順派執行部に全面的に委任していた江府治安維持の権限を剝奪、彰義隊全滅作戦の一点に集中した。西郷も新政府軍兵士殺害の事態にまでいたってしまっては勝らを擁護することはもはや不可能となり、東叡《とうえい》山《ざん》寛永寺の正門たる上野黒門口《くろもんぐち》攻撃をまかされた薩藩兵の指揮をとることとなるのである。

榎本海軍の裏での行動

本書冒頭にすえた「大廈《たいか》の仆《たおるる》、一木の支ゆる所にあらず、信成る哉」との勝の

▼勝の策動　閏四月二十八日付の西郷宛書状では、「若其《もし》領国《りょうごく》の半を減ぜらるれば、無罪の家臣、其父母子弟の如《ごと》き、何を以て是《これ》を養はむ、人怨終に何方に帰すべき哉」と過酷な削封に反対する。

▼田安亀之助　一八六三〜一九四〇。一八六三(文久《ぶんきゅう》三)年七月、江戸城内田安邸に生まれる。幼名亀之助。一八六八(慶応四)年閏四月二十九日、徳川宗家を相続すべしとの朝命《ちょうめい》がくだり、五月二十四日、駿河国府中藩主、七〇万石に封ぜられた。これにより家達《いえさと》と改名。一八六九(明治二)年六月、版《はん》籍奉還《せきほうかん》により静岡藩知事となり、一八七一(同四)年七月の廃藩置県《はいはんちけん》により免ぜられた。一八八四(明治十七)年七月、公爵《こうしゃく》を授けられる。

言葉は、彰義隊壊滅から六日後の五月二十一日のものである。徳川側のいかなる反発力も奪い去ったうえでの、ぐうの音《ね》も出させなくしたうえでの五月二十四日、新政府は駿河国《するがのくに》一円ならびに遠江《とおとうみ》・陸奥《むつ》にて徳川亀之助に七〇万石下賜、駿河府中《ふちゅう》の城主たるべき旨を田安慶頼らに申し渡した。この申渡しと並行して、五月十九日、新政府の江戸行政機関として江戸鎮台《ちんだい》が新設され、旧幕諸機構の引継ぎが開始される。勝の西郷支持・反長土両藩という死にいたるまでのゆるぎない立場は、この際に決定的なものになったといえよう。彼はこれ以降、江戸屋敷から追いたてをくらう膨大な数の旧旗本・御家人《ごけにん》とその家族の静岡への無禄移住に向け精根を使い果たすこととなる。

ただし、この時点では勝の果たしている歴史的役割を理解していた旧幕臣もまたごく僅少だったことも事実である。とくに徳川家直参《じきさん》との自負心をいだき、幕府国家こそがおのれの忠誠の対象と考え信じてきたサムライたちにとっては、薩摩の権力簒奪への憤怒と怨念からの行動がむしろ自然のものであった。榎本が見事に統率する幕府海軍がその典型となる。

上野戦争でかろうじて脱出した輪王寺宮は五月二十五日、榎本の手配により品川沖《しながわおき》碇泊中の長鯨《ちょうげい》艦に搭乗し、同月二十八日常陸国平潟《ひたちのくにひらかた》に上陸、会津《あいづ》・米沢《よねざわ》をへて仙台に入るのである。

上述の沼津在に滞陣していた遊撃隊は、五月十五日の上野戦争に呼応して、五月十九日より行動を開始し、同月二十六〜二十七日箱根湯本《はこねゆもと》で新政府軍と激戦となる。▲この闘いに榎本側から「七発砲」が送られており、敗北後熱海に出、手負いの伊庭八郎はひそかに開陽《かいよう》艦に収容され、遊撃隊本隊は同月二十八日払暁、咸臨《かんりん》丸に乗り込んで館山に到着し、六月一日同地で碇泊中の幕艦長崎に搭乗、同月三日小名浜《おなはま》港に上陸する。この長崎艦はそのまま脱走の形をとり、以降は列藩同盟《れっぱんどうめい》側で活動することとなるのである。

長崎艦脱走後は新政府の旧幕海軍への監視が厳重となったため、直接の援助は不可能となったが、可能なかぎりの助力を榎本ら旧幕海軍はし続けている。彰義隊残党の奥州《おうしゅう》脱出がその好例である。阿部潜《あべせん》▲といえば明治初年の静岡藩政で勝・大久保・山岡らとならび大活躍する元旗本の俊英だが、彼の実兄は一八六四(元治《げんじ》元)年白河《しらかわ》藩主となった阿部正外《まさとう》、六五(慶応元)年九月下旬、連合艦隊摂海進入時の老中《ろうじゅう》正外の措置が朝廷の怒りにふれ、彼は棚倉《たなくら》に転封《てんぽう》され、

▼**箱根戦争**　五月二十日、遊撃隊は箱根に進み、小田原《おだわら》藩佐幕《さばく》派がこれに呼応、軍監中井範五郎《なかいはんごろう》を殺害、二十五日問罪使参謀河田左久間《かわださくま》が小田原に藩主を詰問、新政府軍と小田原藩兵は二十六〜二十七日、遊撃隊と激戦するにいたった。

▼**阿部潜**　一八三九〜九五。幕臣。旧名邦之助《くにのすけ》。上総で三〇〇〇石を領していた旗本阿部正蔵《まさただ》の第六男。一八六七(慶応三)年十二月目付《めつけ》、六八(同四)年には陸軍御用重立取扱に就任、駿府移封後は沼津奉行、少参事、軍事掛となり、七〇(同三)年には鹿児島藩へ御貸人として派遣されている。

隠居していたが、その棚倉藩の銃砲・弾薬買入れのため横浜《よこはま》で調達している和船大黒丸《だいこく》にひそかに池田大隅・春日左衛門らの彰義隊幹部と隊員三〇〇人を収容する段取りが、阿部潜・松平太郎《まつだいらたろう》・春日左衛門のあいだでつけられたのである。大黒丸は新政府軍にその行動を察知されないようにするため、開陽その他の旧幕軍艦のあいだに碇泊し続け、彰義隊残党が乗船するや、六月二十九日払暁、旧幕船行速丸《こうそく》▲は房州《ぼうしゅう》洲崎《すのさき》を越すまで大黒丸を曳航、脱出した同船は逆風にあって伊豆大島《いずおおしま》に流され、ようやく七月九日朝、順風をえて出帆、同月十四日暁、相馬《そうま》藩領久《く》の浜《はま》手前の猪《い》の網《あみ》(=江之網)の鼻という小湊《こみなと》に上陸する。

なお、この大黒丸には、近藤勇《こんどういさみ》の近習《きんじゅ》で各々旧主に引き渡されたはずの相馬主殿《とのも》▲と野村利三郎《のむらりさぶろう》▲も、榎本海軍に庇護されて乗り込んでいたのである。

▼**行速丸**　外輪船《がいりんしゃく》。幅四間半《けん》、長さ二七間五尺、二五〇馬力。

▼**相馬主殿**　一八四三〜?。笠間藩士。一八六五(慶応元)年四月に脱藩。一八六七(慶応三)年七月以降に新選組に加入して十一月十八日の油小路《あぶらのこうじ》事件に参加。弁天《べんてん》台場《だいば》降伏後、七〇(明治三)年二月、坂本龍馬暗殺嫌疑で刑部省《ぎょうぶ》に送られて投獄。伊東甲子太郎暗殺者の一人として十月新島《にいじま》に流罪、七二(明治五)年十月赦免、豊岡《とよおか》県庁に出仕するも、七五(同八)年二月免官。その後自殺する。

▼**野村利三郎**　一八四四〜六九。新選組加入は一八六七(慶応三)年七〜十月。鳥羽・伏見戦争、勝沼戦争に参加後、六月、春日左衛門《かすがさえもん》の陸軍隊に属して奥州に脱出、一八六九(明治二)年三月二十五日、回天《かいてん》の甲鉄《こうてつ》艦奪取作戦で戦死した。

⑤戊辰戦争時の土方・新選組・旧幕海軍

白河戦争

仙台《せんだい》・米沢《よねざわ》・会津《あいづ》・庄内《しょうない》四藩を中核とする奥羽列藩同盟《おううれっぱんどうめい》▲は、一八六八（慶応《けいおう》四）年閏《うるう》四月十九日、長州《ちょうしゅう》藩士で奥羽鎮撫総督府《ちんぶそうとくふ》参謀世良修蔵《せらしゅうぞう》を仙台藩士が殺害することによって、新政府軍と全面対決する姿勢を最終的に確立した。これ以降、戊辰《ぼしん》戦争は越後《えちご》口・白河《しらかわ》口・平潟《ひらかた》口・庄内口のそれぞれで激戦が展開されていくこととなるが、本書では土方歳三・新選組《しんせんぐみ》・旧幕《きゅうばく》海軍の動向に限定し、豊かな研究成果に依拠しつつその動きを追っていくこととしよう。

四月二十三日の宇都宮《うつのみや》城防禦戦で足指に重傷をおった土方歳三は上述の島《しま》田魁《だかい》以下六人の側近の者にともなわれ、同月二十六日、会津藩領田島《たじま》にいたり、大内《おおうち》通りより同月二十九日、会津城下七日町《なのかまち》清水屋に落ち着く。ここで流山《ながれやま》で離散した新選組の面々と合流することとなった。流山で武器を没収された者のうち、会津に赴き再起をはかろうとする新選組の者たちは、安富才介《やすとみさいすけ》▲をリーダーとし、市川《いちかわ》から銚子《ちょうし》、水戸《みと》から棚倉《たなくら》に出、会津領の三代宿《みよしゅく》▲より会津城下に

▼奥羽列藩同盟　一八六八（慶応四）年五月三日、仙台・米沢二大藩をはじめとする奥羽二五藩は仙台にて会津・庄内両藩を支援する反新政府同盟を結成、ついで越後にある長岡藩ほか五藩も加盟するにおよび奥羽越列藩同盟となった。

▼安富才介　一八三九〜？。備中国足守《あしもり》藩出身で江戸で浪人。一八六四（元治《げんじ》元）年十月、江戸で新選組に加入。隊内では馬術師範。隊の財政を担当。鳥羽《とば》・伏見《ふしみ》戦争、勝沼戦争に参戦。土方の信頼は厚く、箱館では土方の添役として活動、弁天台場《べんてんだいば》降伏後、足守藩に引き渡され、一八七〇（明治三）年一月赦免、その後消息不明。

▼三代宿　勢至堂《せいしどう》峠を越えて会津領に入ったところに位置する宿《しゅく》場《ば》。

到着していたのである。なお勝沼《かつぬま》戦争で重傷をおった池田七三郎《いけだしちさぶろう》(稗田利八《ひえだりはち》)らの負傷者は戸板に乗せられ、江戸《えど》からただちに会津に運ばれている。斎藤《さいとう》一《はじめ》▲(山口二郎《やまぐちじろう》と改名)はこの一隊に同行したものと思われる。

ところで土方と新選組は江戸脱走後、大鳥《おおとり》軍の先鋒隊として活動してきており、閏四月、田島での第一〜第四大隊再編成においては江上太郎《えがみたろう》の第一大隊のなかに含まれるものであったが、新選組の面々は江上らの会津藩士らと共に大鳥の軍事指揮に強い不満をいだいていたらしい。大鳥軍は閏四月中旬より日光《にっこう》口の今市《いまいち》に出て新政府軍と長期に交戦することとなるが、四個大隊のうち今市戦線に赴くのは第二・第三大隊のみ、諸藩の脱走藩士もまじえた再編新選組は、閏四月五日、会津藩世子《せいし》松平喜徳《まつだいらのぶのり》▲に拝謁《はいえつ》、負傷中の土方にかわり山口二郎が新選組隊長に任じられ白河口の闘いに加わるよう指令を受け、七日、三代宿にて十数日駐屯し、閏四月二十一日白河城に入城する。前日の二十日、仙台藩の手引きを受け、防禦の意思がまったくない二本松《にほんまつ》藩兵を追う形で、会津藩兵は白河城を落としていたのである。

白河口攻防戦の重要性に鑑み、会津藩は閏四月中旬、江上太郎の第一大隊な

▼**斎藤一**　一八四四〜一九一五。京都で壬生《みぶ》浪士組結成時に加入。勝沼戦争後、負傷者を率いて会津に先発、重傷の土方のかわりに山口二郎と名乗って隊長となり、白河口で闘う。母成峠戦後は土方隊と別れ、若松近傍の如来堂で闘い、斗南藩士となり、西南戦争に警視徴募隊の一員として出征する。

▼**松平喜徳**　一八五五〜九一。徳川斉昭《なりあき》の第十九子。一八六六(慶応二)年松平容保の養子となり、父と共に戊辰戦争を闘う。会津藩は滅藩となったが、一八六九(明治二)年容保の実子容大《かたひろ》が斗南藩主となり、容保・喜徳共にそこに幽せられる。一八七三(明治六)年喜徳の実弟松平頼之《よりゆき》(元水戸支藩守山藩主)没するにおよび、喜徳が守山松平家を継ぐ。

らびに第四大隊の小池周吾《こいけしゅうご》が指揮する純義《じゅんぎ》隊をこの戦線に振り向ける。白河城奪還を試みる新政府軍は閏四月二十五日、白河の東南、奥州《おうしゅう》街道の地白坂《しらさか》を攻撃するも、新選組と会津藩遊撃隊が防禦、撃退するが、新選組は二人の戦死者と二人の重傷者を出している。今度は五月一日新政府軍、伊地知正治《いじちまさはる》▲参謀は薩長《さっちょう》ならびに大垣《おおがき》・忍《おし》四藩兵七〇〇をもって、十分に戦術を立てて白河城そのものを攻撃、高地を制圧、高所から低地敵兵を砲撃し続ける巧妙な砲術戦術とライフル銃の威力によって、二五〇〇余の兵力に頼って城にたてこもる列藩同盟軍を七〇〇人の戦死者を出させて潰走させ、白河城を奪還した。この闘いで会津軍の副総督横山主税《よこやまちから》と仙台藩参謀坂本大炊《さかもとおおい》がともに戦死し、新選組においても一人が戦死、一人が重傷を負うのである。

　列藩同盟軍は奥州街道最大の要衝の地白河を取り戻そうと大兵を白河城の四方に結集、五月二十六日、総力をあげての組織的攻撃を行った。新政府軍は籠城戦で守るのではなく、城周囲の各高所に陣を構え、高所より迎撃する戦術をとり、第一回目の総攻撃を撃退する。兵力において劣っていた新政府軍には、総督府の指令を受け、今市戦線から救援にかけつけた土佐《とさ》藩兵勢が同月二十七

▼**伊地知正治**　一八二八〜八六。薩摩藩士で西郷隆盛《さいごうたかもり》がもっとも信頼した軍略家。軍奉行として薩英《さつえい》戦争・禁門《きんもん》の変《へん》に指揮をとり、戊辰戦争では鳥羽・伏見戦争をはじめ、白河口の攻防戦や母成峠の闘いでその卓越した軍略家としての能力を発揮した。一八七九(明治十二)年に宮内省御用掛、八六(同十九)年に宮中顧問官《きゅうちゅうこもんかん》に任ぜられた。

▼**福良宿**　会津若松と三代宿の中間の宿駅。

日に白河に到着、ただちに前線に配置される。

この五月二十七日、第二回目の同盟軍の攻撃には新選組も参加、白河城西側の薩摩《さつま》・大垣二藩兵の守る金勝寺山《きんしょうじやま》の陣地を攻めるも成功しなかった。

これ以降、同盟軍は五月二十八日に第三回、六月十二日に第四回、六月二十五日に第五回、七月一日に第六回目の総攻撃を決行、結局いずれも成功させることはできなかった。この六次の白河城奪還攻撃のなかで新選組が参加したのは第二、第四(城西側天神山《てんじんやま》攻撃)、第六(天神山攻撃)の三回の闘いである。第六回目の総攻撃決行の七月一日、土方歳三はようやく負傷が癒え、福良宿《ふくら》▲まで出向いている。列藩同盟軍の最後の攻撃は七月十五日になされたが、新選組は白河城と三代宿との中間の長沼宿《ながぬま》に後退しており、参戦してはいない。その後土方は江上太郎と共に第一大隊長として新選組をも統轄、奥州街道の須賀川宿《すかがわ》で白河口の新政府軍と対峙する態勢をとることとなる。

母成峠での敗北

新政府軍は、白河城防衛は続けるものの、四方から包囲する列藩同盟勢の大軍を撃破して奥州街道を北上することは不可能とみて、戦略を大転換させた。すなわち、六月十六日、浜通り平潟へ新政府軍が上陸、北上するが、平潟口での同盟軍の動揺に乗じ、白河口の板垣退助《いたがきたいすけ》率いる土佐藩部隊は白河口・平潟口の中間に位置する棚倉城を六月二十四日に攻撃・占領、さらに棚倉から山間部の間道を北上、七月二十四日には三春《みはる》藩▲、同月二十七日には水戸支藩の守山《もりやま》藩を帰順させ、この二十七日、奥州街道須賀川宿やその北の郡山《こおりやま》宿よりさらに北方の本宮《もとみや》宿を占領してしまったのである。これにより白河城包囲中の同盟軍は総崩れとなって、各藩ごとに潰走することとなった。新選組を含む会津藩兵力はすべて会津藩領内に撤退せざるをえなくなった。

板垣ら新政府軍は、二本松藩の主力兵力が須賀川宿に配されていたことに乗じ、七月二十九日、一挙に手薄の二本松城を攻略・陥落させ▲、この結果、白河—二本松間の奥州街道はすべて新政府軍の支配下におかれてしまったのである。

会津藩は藩境東側全線が新政府軍の掌中に陥ったため、藩領東側の各街道口を防備する必要に迫られ、休養のため日光口から会津に戻っていた大島率いる第二大隊(伝習隊)に母成《ぼなり》峠への出兵を要請、さらに土方率いる新選組を含む第

▼三春帰順　新政府軍を支持する三春藩豪農商代表は一八六八(慶応四)年六月、白河口に出頭、嚮導方を申請、七月に入り、河野《こうの》広中《ひろなか》は棚倉で断金隊や板垣と接触、三春藩の帰順と板垣軍の北上に貢献する。

▼二本松の闘い　虚を衝かれた二本松藩は急に藩内の老人・少年を総動員し防戦したが、ついに衆寡敵せず、藩主は米沢に逃れ、家《か》老《ろう》丹羽《にわ》一学《いちがく》は城を焼いて自刃した。二十九日一日だけの戦闘で二本松藩は二一〇人余もの戦死者を出した。

一大隊にも母成峠の防備態勢増強のために同地への出兵を求めたため、第一大隊は八月十九日に峠に到着する。大鳥の指揮のもと、山頂は会・仙両藩兵が固め、山頂にいたる本道は会津藩兵が守り、峠への白河口勢から見て右側間道中要害の地勝岩《かついわ》周辺に二本松勢ならびに第二・第一大隊が位置した。八月二十一日未明に二本松を発した白河口軍は、夜明けに母成峠の麓《ふもと》に到達、大鳥・土方部隊は勝岩の地においてよく防戦するも、本道の会津勢が敗走、白河口勢は砲兵を展開して山頂をめざし砲撃を開始、この猛砲撃に会・仙両藩兵はたまりかねて逃走、しかも山頂付近に放火したのである。これは勝岩周辺で奮戦している最中の第一・第二大隊と新選組にとっては退路が遮断されてしまったことを意味したため、士気は急速に低下、組織的撤退は不可能となり、各自バラバラに山中に逃げ込んでの退却となった。母成峠は夕方までには白河口軍の手に落ち、同軍は勢いに乗じ二十二日には会津若松《わかまつ》をめざして猛進撃し、二十三日には城下になだれ込んだのである。

土方・山口らは後退しつつ、二十二日には十六橋《じゅうろっきょう》・滝沢峠《たきざわ》で闘うも利あらず、二十二日夜、城下南東の天寧寺《てんねいじ》に結集するが、二十三日にはもはや城下に入れ

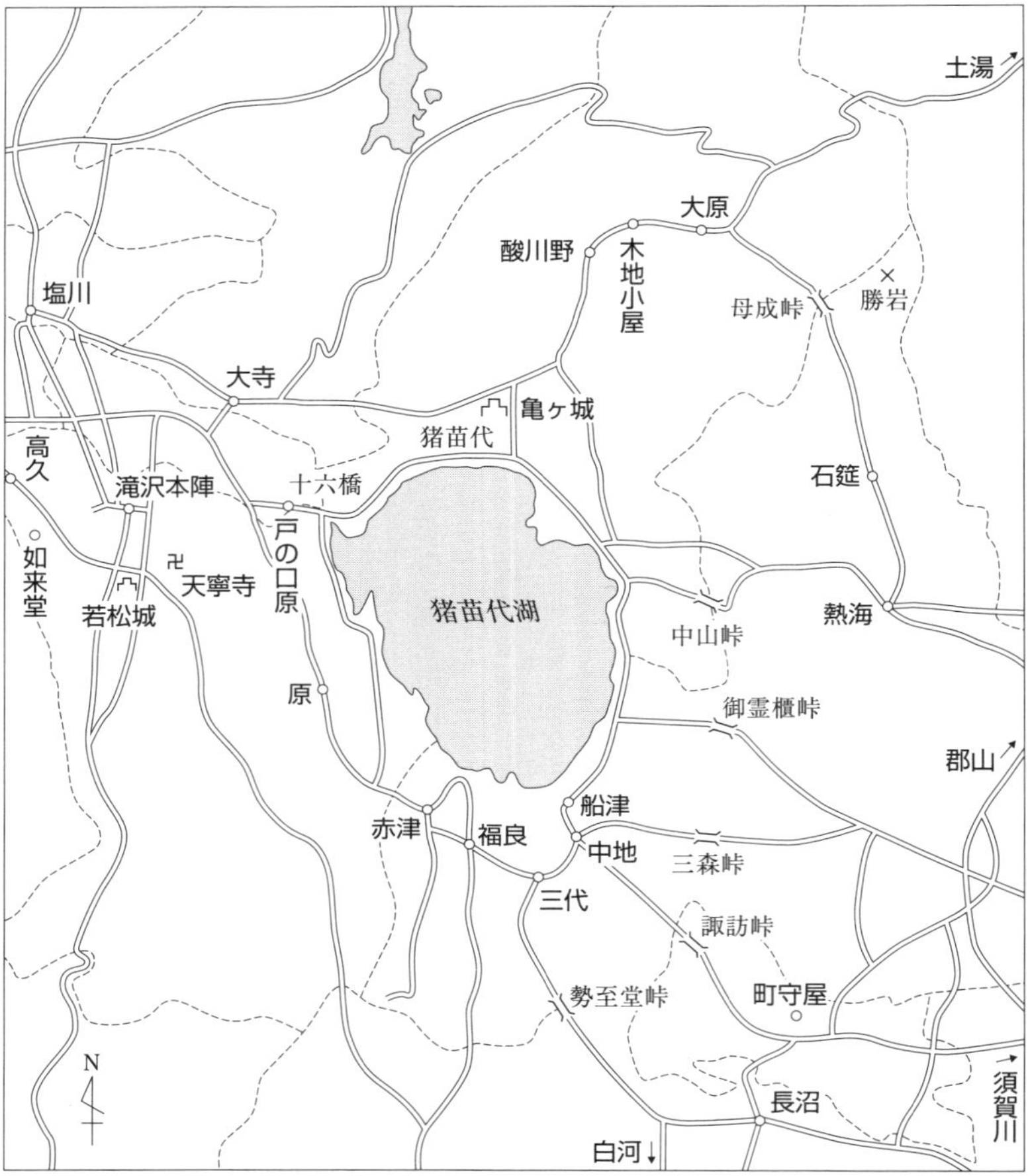

会津若松周辺関係地図（相川司・菊地明『新選組実録』筑摩書房より，一部加筆）

なくなったため、若松北方の檜原《ひのはら》に北上、ここで大鳥らの部隊と合流する。この地で新選組のうち安富才介や島田魁などは大鳥部隊と同一行動をとるも、山口らはそれと分離する。山口ら二〇人に満たない分離部隊は、九月四日、会津藩の指示により若松より北西四キロの神指《こうざし》城如来堂《にょらいどう》に赴き、そこを死守する。しかしながら五日、越後街道坂下《ばんげ》宿で越後口から会津盆地へ進入しようとしている新政府軍を頑強に阻止し続けている会津藩兵の背後を衝くべく急派された白河口勢によって撃破されることとなったのである。山口はその後斗南《となみ》藩士となっている。

では平潟口での相馬主殿《そうまとのも》・野村利三郎《のむらりさぶろう》の戦闘軌跡はどのようなものであったろうか？　二人が平潟口での戦闘に参加できたのは、七月十三日の平城《たいら》陥落直後からであり、相馬は「広野《ひろの》の原に戦ふ事三たび、相馬口黒木《くろき》村（中村《なかむら》の西北にある）に戦ふ事一たび、仙台口駒ヶ峰《こまがみね》に三たび」と回想している。この間相馬と春日左衛門《かすがさえもん》は白石《しろいし》に列藩同盟軍事総督として活動していた輪王寺宮《りんのうじのみや》に拝謁、宮から徳川《とくがわ》陸軍部隊の代表者として相馬口の回復を直々に命じられている。しかし相馬中村藩は八月四日に降伏、形勢不利とみて宮が白石から仙台に帰るのが九月上旬、相馬・野村の両人も仙台にまで後退せざるをえなくなったのである。

勝沼戦争後、近藤《こんどう》らと訣別した永倉新八《ながくらしんぱち》らの靖共隊《せいきょうたい》は第三大隊に属して日光口で戦い続けていた。永倉は八月十六日、日光口への援兵を求めに若松に赴き、同地滞在中、八月二十三日の白河口勢の城下突入の事態にぶつかり、城に入ることは断わられ、米沢に援軍要請に出向くも、米沢藩は新政府軍側に転じており、仕方なく東京に逃亡、一八六九(明治二)年、出身藩の松前《まつまえ》藩に運よく帰参することができるのである。

榎本海軍の仙台湾への脱走

つぎに榎本率いる旧幕海軍の動きを見ていこう。遊撃隊を乗せ脱走した長崎丸の士官たちは六月、「名は王政《おうせい》と雖も其実は二三諸侯《しょこう》の手に出づる所にして、其苛酷なること天地鬼神の知る所也、此時《この》に当って義兵を挙げ奸賊《かんぞく》を討滅することを知らざらんや」、「奥州列藩義軍に連合し、無数の賊軍を掃攘せんと欲す」と列藩同盟側にただちに加わることを海軍の同志に呼びかけている。

列藩同盟軍側としても榎本海軍の協力は喉から手が出るほどに切望するもの

だった。松平容保《かたもり》・板倉勝静《いたくらかつきよ》・小笠原長行《おがさわらながみち》は七月、越後口新政府軍の背後を榎本艦隊をもって衝くことを求め、仙・会・米三藩士を説客《ぜいかく》に立て江戸で榎本の説得を試みる。榎本は七月二十一日付の三侯宛返書で、「不倶戴天《ふぐたいてん》の賊徒を誅伐仕るべきは勿論《もちろん》の素志」、「奥羽越御列藩義兵の盛挙」に助力したいのは山々だが、「臣子《しんし》の職掌柄」、主家の駿府《すんぷ》移封までは動くことが不可能、この件が終了しだい、八月二十日頃までには諸艦を引率、仙台まで罷り越し、奥羽の防禦・攻撃の方法を相談したい、と回答するのである。

八月十九日、榎本率いるところの開陽《かいよう》・回天《かいてん》・蟠龍《ばんりゅう》・千代田形《ちよだがた》の四軍艦、咸臨《かんりん》・美賀保《みかほ》・長鯨《ちょうげい》(外輪船)・神速《しんそく》の四運送船からなる旧幕海軍は品川《しながわ》沖より脱走、仙台に向かい北上するが、二十二日、銚子沖にて猛烈な台風に遭遇、分散して諸船は漂流する状態となった。開陽は舵を折り、回天は帆檣《はんしょう》その他の器械を損じ、蟠龍・咸臨は清水《しみず》港に入らざるをえなくなった。蟠龍は破損修復のうえ、仙台に九月十八日に到着できたものの、咸臨は九月十八日、同港で新政府海軍富士山《ふじやま》・武蔵《むさし》・飛龍《ひりゅう》三艦からの砲撃のうえ艦に飛龍の軍人が突入、春山《はるやま》弁蔵《べんぞう》▲ら八人の搭乗員が戦死したのち、艦長小林文次郎《こばやしぶんじろう》▲以下の乗組員が降伏す

▼**春山弁蔵**　?〜一八六八。浦《うら》賀《が》奉行所《ぶぎょうしょ》同心《どうしん》・長崎海軍伝習所に学び、造船技術の権威となっていた幕臣。

▼**小林文次郎**　一八三五〜一九〇六。軍艦役並で榎本艦隊北上に加わったが、降伏後新居《あらい》三等勤番組に配属され、一八七〇(明治三)年には民部《みんぶ》省土木司大佑《どぼくしだいゆう》となり、のち内務《ないむ》省地理局御用掛をつとめた。

る。美賀保は破船、乗船した六〇〇人余の脱走者のうち数十人が溺死、積み込んでいた大小銃砲および諸々の武器・弾薬はみな海底に沈んだのである。かろうじて上陸できた者のなかに多賀外記《たがげき》▲・中根香亭《なかねこうてい》▲・伊庭八郎《いばはちろう》・本山小太郎《もとやまこたろう》▲・吹《すい》田鯛六《たたいろく》▲などがいる。このような苦難の航海の末、榎本艦隊がバラバラに仙台寒《さ》風沢《ぶさわ》に投錨するのが八月二十四日〜九月五日のことである。開陽は二十七日に到着する。

九月二日、榎本はフランス人士官ブリュネ・カズヌーブらとともに仙台城に登城、藩主伊達慶邦《だてよしくに》に謁し、翌三日、榎本やフランス人士官をまじえ列藩同盟軍の軍議が城中で開催される。この軍議に土方歳三も参加した。彼と新選組・第一大隊の残存部隊は八月二十三日、北上して檜原において大鳥部隊と合体、土方は大鳥に、「自分は庄内に赴いて藩論を聞き、その決議を大鳥に伝えるつもりなので、その間自分の部隊をあずかってくれ」と依頼、土方は庄内に赴くも、榎本艦隊の仙台来航を聞き、仙台にかけつけていたのである。この軍議には旧幕臣《ばくしん》として榎本・土方のほかに永井尚志《ながいなおゆき》・人見勝太郎《ひとみかつたろう》・春日左衛門ならびにフランス人士官が参加している。

▼**多賀外記**　一八三二〜八八。旗本。上総《かずさ》とも。一八六六(慶応二)年十二月、銃隊頭並《なみ》となる。一八六八(慶応四)年二月には銃隊頭に昇進、歩兵奉行格となった。上野戦争当日には新政府軍により屋敷を襲撃された。榎本艦隊脱出には美加保丸に乗船したが遭難して九死に一生を得、駿府に移住、一八八七(明治二十)年清見寺《せいけんじ》に建《こん》立《りゅう》された咸臨丸殉難諸氏記念碑の落成式には参加している。

▼**中根香亭**　一八三九〜一九一三。幕臣。鳥羽・伏見戦争に従軍、榎本艦隊脱走に際し美賀保丸に乗船、遭難で九死に一生を得、駿府移封に随って沼津《ぬまづ》兵学校で教えた。明治以降は在野の史家・漢学者として著名であった。

▼**本山小太郎**　?〜一八六九。評定所《ひょうじょうしょ》留役本山徳郎《とくろう》長男。美賀保丸遭難で九死に一生を得て江戸に入り、上総中島《なかじま》村に潜伏中の伊

庭八郎を中根香亭と協力し横浜《よこはま》の尺振八《せきしんぱち》のもとに移らせ、アメリカ船で十二月、八郎とともに箱館に赴き遊撃隊に合流。一八六九(明治二)年四月十七日、折戸《おりと》で戦死。戦死時の肩書は遊撃隊差図役頭取改役。

▼**吹田鯛六**　一八五〇〜九七。幕臣。上野戦争では神奈川定番《じょうばん》(菜葉隊《なっぱたい》)役の奥山《おくやま》八十八郎と共に旭《あさひ》隊を率いて闘う。駿府移住後、沼津兵学校第四期資業生《しぎょうせい》に及第。一八七二(明治五)年開拓使《かいたくし》に出仕後、内務省・大蔵省・農商務省につとめた。

榎本はこの会議で、「奥羽の地は全国の六分の一を占め、軍人数は五万、此《こ》の土地と此の兵を以《もっ》てすれば何ぞ上国の軍を恐れん。機を見て軍略を行う。勝を制する決して難きに非ず」と演説している。ここで奥羽の諸藩軍を統帥する惣督《そうとく》を誰にするかの話となり、「御見込」をうけたまわりたいと要請されるや、榎本は「此の惣督の任に当る人は私が同行致した土方歳三を措《お》いては他にあるべくは覚えませぬ」と答え、各藩はただちに土方に依頼しようということになった。

榎本から紹介された土方は「大任ではありますが、素《もと》より死を以て尽《つく》すの覚悟で御座れば、各藩の御依頼は敢て辞しませんけれども、是《こ》れを受くると受けざるとに於《おい》ては一応御《お》尋《たずね》申さなければならんが、苟《いやしく》も三軍を指揮せんには軍令を厳にせねばならん。若《も》し是れを厳にするに於て背命のものがある時は御大藩の宿老《しゅくろう》衆と雖も此の歳三が三尺の剣に掛けて斬って仕舞わねばならぬ。されば生殺与奪《せいさつよだつ》の権を惣督の二字に御依頼とならば受けますが、其辺は如何《いかが》なものでありましょうか」と逆に諸藩代表者に問いかける。これまで土方がもっとも苦しんできたのが諸藩の統制がまったくとれていないこと、そして奥羽越列藩同盟は結局のところ、自主的な各藩の寄せ集めにすぎなかった以上、土方の要求は容れられるわけはなかった。

　とともに、時すでに同盟自体が解体しつつあった。八月二十一日、母成峠は突破されて若松城は新政府軍の重囲のもとにおかれ、米沢藩は九月四日正式に降伏、仙台藩内でも降伏派が急速にその勢力を拡大しつつあったのである。ついに九月十二日、仙台藩は執行部を総入替して降伏・謝罪の態度を決定、榎本・土方らにその旨を通告、両人は大条孫三郎《おおえだまごさぶろう》▲・遠藤文七郎《えんどうぶんしちろう》▲の新執政に面会、榎本はこう非難する。

　今の王政復古《ふっこ》は全く薩長の策士等が幕府《ばくふ》を倒すの道具として拵《こしら》へたもの、政権を窃《ぬす》むの手段に過ぎず、一二堂上《とうしょう》の長袖輩（ながそでを着た公家や僧侶をあざけっていう語）、実地政治の何たるを知らざるを奇貨《きか》として、之《これ》を表面に押し立て虎の威を借りて海内を籠蓋せんとするのみ。真の王政は決して彼等の手に出づべきにあらず、上野《うえの》の宮総督とならせ給ひ、憂国の譜代《ふだい》大名旗本《だいみょうはたもと》総がかりにて奸徒を掃蕩し万国無比の御国体に応ずる新政を以て　至尊を啓沃し奉つるにあらずば、斯の大日本を如何すべき。今の薩長

▼**大条孫三郎**　生没年未詳。仙台藩士。一八六八（明治元）年四月四日、藩主の出陣直前に孫三郎を含め新政府支持派は藩政担当から追放されたが、敗色濃厚となった九月、孫三郎は遠藤文七郎と共に奉行となって藩を謝罪降伏に導いた。

▼**遠藤文七郎**　一八三六〜九九。仙台藩宿老格の藩士。藩内尊王《そんのう》攘夷《じょうい》派の領袖。一八六三（文久三）年一月政争に敗れ閉門。一八六八（明治元）年九月奉行に復帰し、敗戦の事後処理にあたり大参事となった。廃藩後、神官《しんかん》をつとめた。

浮浪に雷同するものを叩き潰すは朝飯前の仕事なり。

土方もまた謝罪降伏不利なるをこう説いている。

利不利は暫く措《お》き、弟を以て兄を討ち、臣《しん》を以て君を征す、彝倫《いりん》▲地に堕《おち》て綱常《こうじょう》全く廃《すた》る、斯《か》くの如《ごと》くして如何ぞ国家の大政を執るを得んや、苟も武士の道を解し聖人の教へを知る者は、薩長の徒に与《くみ》すべからずと信ず。

▼彝倫　人の守るべき常の道をいう。藤田東湖《ふじたとうこ》の詩に、「長しえに天地間に在りて、凛然として彝倫をただす」の句がある。

蝦夷地占領のための部隊編成

土方管轄下の第一大隊・新選組をあずかり、また越後口から後退してきた衝《しょう》鋒《ほう》隊とも一体となり、大鳥と旧幕歩兵部隊は会津藩の指示に従いつつ、若松北方、喜多方《きたかた》の地でなんとか新政府軍の進出を阻止すべく奮闘する。八月二十六日には檜原から塩川《しおかわ》にまで南下、九月一日には西方の慶徳《けいとく》をへて木曽《きそ》にいたり、長岡《ながおか》藩兵とともに四日に闘い、その後、陣を後退させるも、七〜八日にいたっては、越後口・日光口も破られて大鳥軍の士気は崩壊した。しかも新政府軍側についた米沢藩兵が檜原峠より会津藩領に侵入すれば、背後をまったく断たれる事態に陥ったため、八日、福島に出、同地の仙・庄両藩兵と共同で二本松を抜き、若松城の重囲を解かせようと古屋《ふるや》らと一決、会津藩に断わりを入れたうえで、木地《きじ》小屋・秋元《あきもと》・原《はら》・高森《たかもり》・沼尻《ぬまじり》・土湯《つちゆ》村・鳥渡《とりわた》村と磐梯山《ばんだいさん》の裏側を東進し、十二日福島に到着する。ここに滞在していた小笠原長行や竹中重固《たけなかしげかた》▲と協議するも、仙台もあやうい状況になっており、二本松攻撃はとうてい無理、庄内も自重を説くので、かくなるうえは仙台に赴き、榎本と相談する以外手がないと、大鳥が仙台国分町《こくぶんちょう》の榎本の旅宿に到着するのが九月十四日のことである。

仙台に集結してきた旧幕兵は大鳥・古屋部隊のほかに、平潟口で戦い続けて来た遊撃隊・彰義《しょうぎ》隊があり、そこに榎本艦隊に乗船して奥羽の地に上陸した永井尚志・松平太郎《たろう》・渋沢成一郎《しぶさわせいいちろう》▲・菅沼三五郎《すがぬまさんごろう》・松岡四郎次郎《まつおかしろうじろう》▲らの多数の旧幕臣が加わった。なお中島三郎助《なかじまさぶろうすけ》は海軍士官としてこれ以前から開陽艦で活動している。

将軍慶喜《よしのぶ》を補佐し、朝幕《ちょうばく》融合京坂《けいはん》政権形成のために尽力し続けてきた備中《びっちゅう》松山《まつやま》の板倉勝静、唐津藩《からつはん》世子小笠原長行、伊勢《いせ》桑名《くわな》の松平定敬《さだあき》とその忠実な家《か》臣《しん》たちも、ここ仙台の地に集う。

ここにおいて榎本・大鳥・土方らの旧幕脱走軍首脳のあいだで蝦夷地《えぞち》を占領、

▼竹中重固　一八二八～九一。旗本。美濃《みの》国不破《ふわ》郡に高《たか》五〇〇〇石の知行地《ちぎょうち》をもっていた。一八六八(慶応四)年一月の鳥羽・伏見戦争では伏見口の大将として闘い、奥州に脱走、二本松で闘い、さらに五稜郭《ごりょうかく》によった。五稜郭開城にさきだち板倉勝静と同船し、東京で自訴した。一八七三(明治六)年から七五(同八)年、東京府に出仕している。

▼渋沢成一郎　一八三八～一九一二。北武蔵《むさし》の豪農《ごうのう》。渋沢栄一《えいいち》の従兄。一八六四(元治元)年一橋《ひとつばし》家家臣《かしん》となり、六八(慶応四)年二月彰義隊を結成、天野八郎《あまのはちろう》と対立、振武《しんぶ》軍を組織、五月二十三日飯能《はんのう》に敗れ、蝦夷地に渡って各地で闘い、五稜郭降伏直前に逃亡するも捕縛、七一(同四)年の赦免後は実業界で活躍。

新政府軍に徹底的に抗戦せんとの方針が決定、準備に取りかかった。⑴仙台の地で新政府に謝罪する者は、本人の意志にまかせ隊より離脱させること、⑵戦傷者は仙台藩にその看護を托すること、⑶榎本艦隊の運送能力には限度があるため、乗船人員に制限をつけること、この三点を軸に作業が進められる。

まず、松平定敬・板倉勝静・小笠原長行の従者数には三人以内との制限がつけられたため、従者の選にもれた人びとは、土方の判断をもって新選組が迎え入れた。土方と新選組は京都において、この三藩と同志的交わりをしてきた仲だったのである。ただし桑名藩の場合には、この厳しい人数制限もあり、蝦夷地に渡る者たちとならび、最後まで動揺しない庄内藩への救援のため、同地に赴く者たちがいたが、九月二十日、寒河江《さがえ》において米沢にいた新政府軍に襲われ二〇人が戦死する。▲

この人数制限もからんでの選別は苦戦中の会津若松に戻れなくなった会津藩士たちのあいだでも行われ、庄内に赴いた者たちは、庄内降伏後、酒田《さかた》参謀局より帰国謹慎の命がくだる十二月十三日まで、庄内の地にとどまることとなる。▲

庄内からの救援要請は榎本艦隊でも真剣に検討され、以前に脱走していた長

▼**松岡四郎次郎**　一八三六～九八。高一五〇俵の幕臣。一八六八(慶応四)年四月歩兵頭並、閏四月撒兵《さっぺい》頭並。榎本艦隊北上に加わり、蝦夷《さんぺい》地を転戦、廃藩後、開拓使に出仕した。

▼**庄内に赴いた桑名藩兵**　会津城下に新政府軍がなだれ込んだ八月二十三日以降、主君が庄内に赴いたとの報を得た立見鑑三郎《たつみこうざぶろう》の雷神《らいじん》隊、松浦秀八《まつうらひではち》の致人《ちじん》隊ほかは跡を追い庄内に走り、同地で降伏した。

▼**庄内に赴いた会津藩兵**　榎本艦隊の蝦夷地航行に参加できなかった大庭恭平《おおばきょうへい》・南摩綱紀《なんまつなのり》ら会津藩士一九人は庄内に赴き、同地で降伏した。

崎艦と今般来航した千代田形が庄内に赴くも、長崎艦は飛島《とびしま》で難破し、救援のため同艦に乗船していた榊原《さかきばら》家高田《たかだ》藩江戸藩邸脱走者たちが組織した神木《しんぼく》隊▲（上野戦争にも参加）七〇余人は、後日箱館《はこだて》から迎えに派遣されたロシア船に乗って箱館に赴くのである。千代田形は十一月十一日箱館に戻ってくる。

仙台藩でも、降伏にあくまで反対する星恂《ほしじゅん》太郎《たろう》▲率いる洋式部隊額兵《がくへい》隊は榎本艦隊に乗船して蝦夷地に赴くし、また新政府の仙台藩への過酷な処分に憤激した二関源治《にのせきげんじ》▲は同志を結集して四八〇人余の見国《みくに》隊を編成、イギリス商船を雇って一八六九（明治二）年四月十四日、蝦夷地鷲《わし》ノ木《き》に上陸、ただちに木《き》古《こ》内《ない》口の激戦に参加する。

ただし南部《なんぶ》の杜《と》陵《りょう》隊は蝦夷地にいた南部浪人伊藤東治《いとうとうじ》が同地で南部出身者を集めて編成した部隊であり、南部から船で渡ったものではない。

蝦夷地に赴く旧幕艦隊は開陽・回天・蟠龍・神速（この時には大砲八門を搭載）の四軍艦、長鯨・大江《たいこう》丸（蒸気船）・鳳凰《ほうおう》丸（帆前船）の三艘の運送船計七艘である。大江丸は勝《かつ》と仙台藩とのあいだで売買交渉が行われていたが、仙台藩が代金未払いだったのか？　また回天は気仙《けせん》港に碇泊していた二本マストの帆前船

▼神木隊　越後高田藩江戸屋敷の旧幕に殉じようとする者八六人が酒井良輔《さかいよしすけ》・渡部千之助《わたべせんのすけ》のもと、一八六八（慶応四）年二月に神木隊を結成、藩主の説得にも耳を貸さず、君命に背くことが徳川家と榊原家のためになるとして、五月十五日の闘いには二一人の戦死者を出したにもかかわらず、箱館に赴き、最後まで闘った。生存者は高田藩に引き渡され、一八七一（明治四）年二月赦免された。

▼星恂太郎　一八四〇～七六。仙台東照宮宮司《とうしょうぐうぐうじ》星道栄《みちしげ》の一子。脱藩、横浜でアメリカ人ヴァン＝リードに洋学・兵学を学ぶ。戊辰戦争に際し、藩は彼に洋式軍隊（額兵隊）の編成と調練を下命、青《あお》葉城《ばじょう》直衛隊とした。藩降伏後、額兵隊残留兵士二五〇人を糾合して榎本軍に投じ各地で奮戦、五稜郭降伏後は開拓使大主典《だいさかん》に任じられた。その後辞官して興業をはかった。仙台に没した。

である千秋丸《せんしゅう》(幕府が仙台藩に貸与していたもの)を押収して榎本艦隊に編入する。土方と新選組、伝習士官隊・歩兵工兵隊・付属士官隊三〇〇余人は大江丸に乗り込む。蝦夷地に向かう海陸軍あわせて総数三〇〇〇余人である。なお、十月二十八日早朝、箱館が榎本艦隊にすでに占領されてしまったことを知らずに秋田藩▲の高尾丸《たかお》(蒸気船)が入港、そのまま分捕《ぶんど》られてしまい、榎本海軍は同船を第二回天と名づけて艦隊のうちに編入する。

▼**二関源治**　一八三六〜六九。仙台藩士。戊辰戦争の際、額兵隊小隊司令士《しれいし》。藩論一変後、同志を糾合して見国隊を結成、イギリス商船を雇って蝦夷地に渡り、各地に奮戦、五月十一日の新政府軍箱館総攻撃の際負傷、翌十二日、五稜郭で没した。

▼**秋田藩**　秋田藩内では平田国学《ひらたこくがく》を奉ずる藩士が多く、彼らは藩主の許可を得て、奥羽鎮撫正副両総督の引渡しと薩長二藩兵の放逐を要求しに来た仙台藩使者志茂又左衛門《しもまたざえもん》ら一行を七月四日に殺害、奥羽越列藩同盟を離脱、新政府軍側につくこととなった藩である。

⑥——土方・榎本の箱館戦争

旧幕軍の蝦夷地完全平定

一八六八(明治元)年十月二十日、旧幕《きゅうばく》軍は渡島《おしま》半島の鷲《わし》ノ木《き》に上陸した。七《なな》飯《え》から大野《おおの》をへて箱館《はこだて》への本道を進む部隊は大鳥圭介《おおとりけいすけ》を総督《そうとく》とし、土方の委任を受け新選組《しんせんぐみ》を率いる安富才介《やすとみさいすけ》隊、滝川充太郎《たきがわじゅうたろう》▲率いる伝習士官隊、川添誠之《かわぞえせいの》丞《じょう》率いる附属士官隊、歩兵三〇〇人を率いる本多幸七郎《ほんだこうしちろう》隊、遊撃隊を率いる人見勝太郎《ひとみかつたろう》隊、吉沢勇四郎《よしざわゆうしろう》率いる土工兵隊からなり、川汲《かっくみ》峠を経由する箱館への間道は土方歳三が総督となり、星恂太郎《ほしじゅんたろう》率いる額兵《がくへい》隊、春日左衛門《かすがさえもん》率いる陸軍隊が豪雪のなかを進んでいく。相馬主殿《そうまとのも》は土方に従って間道部隊に参加している。鷲ノ木本営守備には池田大隅《いけだおおすみ》・渋沢成一郎《しぶさわせいいちろう》率いる彰義《しょうぎ》隊、古屋佐久左《ふるやさくざ》衛門《えもん》率いる衝鋒《しょうほう》隊、松岡四郎次郎《まつおかしろうじろう》率いる歩兵一連隊があたった。

大鳥隊は十月二十三日峠下に宿し、二十四日、敵が二カ所にあることから部隊を二手に分け、一手は大野村に、一手は七重《ななえ》村に向かったが、ここ七重村の防備態勢はきわめて厳重で激戦となり、後退を余儀なくされ、ついに敵軍への

▼**滝川充太郎**　一八四六〜七七。旗本。歩兵大手前《おおてまえ》大隊の頭取。鳥羽・伏見戦争で闘う。四月の脱走時、大手前大隊の頭に秋月登之助《あきづきとうのすけ》がなったので、小川町《おがわまち》大隊頭として日光口、さらに母成《ぼなり》峠で闘い、蝦夷地に渡る。廃藩《はいはん》後、陸軍に入り、西南《せいなん》戦争で戦死した。

切込みを三度まで決行してようやく守備隊を潰走させるが、この闘いで新選組の三好胖《みよしゆたか》が一七歳で戦死、左手の指が三本切り落とされていた。胖は本名小笠《おがさ》原胖之助《わらはんのすけ》、唐津《からつ》藩主小笠原長泰《ながやす》四男である。また桑名《くわな》藩士森弥一左衛門《もりやいちざえもん》も負傷する。他方、大野村の闘いには無難に勝利、また土方隊は川汲峠の戦闘で守備隊を破ったあとは抵抗を受けることなく、二十六日に本道・間道両部隊ともに五稜郭《ごりょうかく》を占領する。箱館府知事清水谷公考《しみずだにきんなる》▲と大野・福山《ふくやま》・弘前《ひろさき》の三藩兵はこの二十五日、外国船に乗って青森に退却したのである（九六ページ上図参照）。

旧幕軍の次の攻撃目標は松前《まつまえ》藩の拠点福山城である。土方歳三を総督とし、彰義隊二八〇人（隊長渋沢成一郎）、額兵隊四〇〇人（隊長星恂太郎）、陸軍歩兵二五〇人（隊長春日左衛門）、陸軍士官隊五〇人（隊長朝倉隼之助《あさくらはやのすけ》）、工兵隊（隊長小菅《こすげ》辰之助《たつのすけ》）、軍監は今井信郎《いまいのぶお》と相馬主殿があたった。十一月一日の夜は知内《しりうち》に宿陣するが、松前藩兵が夜襲をかけ、交戦している。この福山攻略には榎本海軍も出動、蟠龍《ばんりゅう》艦は福山港に入り砲撃を行うのである。土方部隊は十一月五日夜、一気に福山城を攻撃、六日未明に陥落させた。

後退した松前藩兵は江差《えさし》によって抵抗を継続したため、江差攻略軍が福山に

▼**清水谷公考**　一八四五～八二。一八六八（慶応《けいおう》四）年閏《うるう》四月、蝦夷地開拓のため箱館裁判所が設置されるや総督に任じられ、ついで箱館府への改称とともに同月府知事となった。十月榎本軍箱館占領のため青森に撤退、十一月青森口総督を兼任、一八六九（明治二）年五月の五稜郭陥落までの最高責任者となった。同年九月、蝦夷地開《かい》拓使《たくし》次官に任ぜられたが、三カ月後に辞職、一八七一（明治四）年十月にはロシアに留学、七五（同八）年二月に帰国したが、八二（同十五）年十二月、三八歳で死去した。

おいて編成され、土方を総督とし、星恂太郎隊（軍監厚見悌司《あつみていじ》）、衝鋒隊永井蠖《ながいかく》伸斎《しんさい》▲部隊（軍監菰田元治《こもだげんじ》）、渋沢成一郎隊（軍監大島虎雄《おおしまとらお》▲）、相馬主殿隊（軍監佐久間《さくま》悌司《ていじ》▲）の四部隊計三八四人の攻略軍である。海岸伝いに北上、江差手前の大滝《おおたき》峠で松前藩兵と闘い、十五日に塩吹《しおふき》村・木《き》の子《こ》村に進軍、十六日に江差に到着する。

この江差攻めを海上より支援すべく、榎本武揚搭乗の開陽《かいよう》が江差沖に赴くも、十五日夜、暴風雪が荒れ狂い、暗礁に乗り上げて進退不可能となり、四日後ようやく榎本以下の艦員が上陸でき、一〇日後についに沈没してしまった。この大事故は榎本軍全体に強烈な衝撃をあたえた。開陽艦さえあれば新政府海軍と互角に闘うことができると全員が確信していたからである。元彰義隊士石川忠《いしかわただ》恕《ゆき》の書いた『説夢録《せつむろく》』は「嗚呼《ああ》惜むべし、皇国第一の開陽艦十余日を経て風浪の為に全艦悉《ことごと》く破壊せり、衆兵暗夜に灯を失するが如く茫然たり」と述懐している。さらに悪いことには、続いて江差沖に来航した神速《しんそく》もまた、暴風・激浪のため岸辺に吹き付られて暗礁に乗り上げ、ふたたび浮上させることが不可能となってしまったのである。やむをえず器械を悉く取り壊して、後日の使用に供

▼**永井蠖伸斎**　一八三八〜六九。忍《おし》藩士。忍藩は譜代《ふだい》藩であったため、新政府軍が武蔵《むさし》国に入るまで去就が決せず、新六造《あらたろくぞう》は古屋佐久左衛門と意気相投ずるところあって、藩の曖昧な態度に憤激、脱藩して古屋軍に投じ、初めは鈴木角《すずきかく》之進《のしん》と名乗り、のちに永井姓を使うこととなった。越後《えちご》口・会津若《わか》松《まつ》など数十回の苦戦をへた優れた用兵家だった。

▼**大島虎雄**　一八四二〜一九一一。幕臣。もと御小人目付《めつけ》。一八六八（慶応四）年四月十一日伝習第一大隊に属して脱走。母成峠で負傷。新選組の中島登に救われ蝦夷地に渡り、宮古湾《みやこわん》海戦に参加、維《い》新《しん》後浜松《はままつ》で代書人《だいしょにん》となる。

▼**佐久間悌司**　?〜一八六九。幕臣。大鳥圭介らの旧幕軍に草風隊の一員として参加。四月二十三日宇都宮《うつのみや》戦で負傷。九月遊撃隊参

するほか、救いようがなくなった。桑名藩士で新選組に加わっていた石井勇次《いしいゆうじ》郎《ろう》は、この二艦の喪失を「嗚呼惜哉、此《この》二艦をして加えあらしめなば、海軍何ぞ敵するあらん、実に長歎するのみ」となげいている。

さて、陸路においては、土方指揮部隊とは別に十一月十日、松岡四郎次郎が指揮者となった部隊が編成された。江差より少し内陸に入った館《たて》村にあらたに築城されていた館城に松前藩主以下の松前藩兵がたてこもったため、この館城を中山《なかやま》峠を越えて攻略する目的である。十二日、途中の稲倉石《いなくらいし》での松前藩兵との闘いをへて、十五日、館城をめぐる攻防戦が激しく展開、とりわけ松前勢のなかで超順《ちょうじゅん》▲という僧侶が剛勇の者で松岡勢を苦しめ、ようやくのこと斬殺する。

十一月十九日、館城から熊石《くまいし》に逃亡していた藩主松前徳広《のりひろ》一行が船で津軽《つがる》に落ちのび、二十二日、土方軍が同地に到着、続いて松岡勢が着き、残っていた松前藩兵が降伏、ここに蝦夷地《えぞち》は完全に榎本軍の手中におさめられることとなったのである。

謀となる。一八六九(明治二)年四月十七日、新政府軍と闘い戦死した。

▼**超順**　一八三五～六八。姓は三上《みかみ》。松前法華寺《ほっけじ》の僧。一八六五(元治二)年備中《びっちゅう》阪谷朗盧《さかたにろうろ》の興譲《こうじょう》館《かん》に漢学を学ぶ。松前藩正義《せいぎ》隊リーダーで一八六八(慶応四)年七～八月、反対派を殺害、新政府軍側に藩論を決定させ、防衛上、館に新城構築を実現させた。

榎本政権の支配態勢

十二月十五日、土方歳三は松前より箱館に帰来、この日蝦夷地平定を祝し、弁天《べんてん》砲台・五稜郭・榎本艦隊はいっせいに一〇一発の祝砲を放った。そして二十二日、五稜郭において衆議をつくし、上等士官以上のメンバーの入札をもって役々を選出した。この入札は戊辰《ぼしん》戦争での指揮権の無統制に鑑み、榎本・大鳥・土方らが旧幕軍の画一的な統帥を実現するために施行した側面が基本である。総裁は榎本武揚、副総裁は松平太郎《まつだいらたろう》、陸軍奉行《ぶぎょう》大鳥圭介、陸軍奉行並《なみ》兼箱館市中取締裁判局頭取土方歳三、海軍奉行荒井郁之助《あらいいくのすけ》▲、箱館奉行永井尚志《ながいなおゆき》、箱館奉行並中島三郎助《なかじまさぶろうすけ》、松前奉行人見勝太郎、江差奉行松岡四郎次郎、江差奉行並小杉雅之進《こすぎまさのしん》▲の面々が選出された。

この時確定した諸部隊を『説夢録』の記述に従って左に示しておこう。伝習士官隊一六〇人（隊長滝川充太郎）、伝習歩兵隊二二五人（隊長本多幸七郎、歩兵頭並大川正次郎《おおかわしょうじろう》）、一連隊二〇〇人（江差奉行兼隊長松岡四郎次郎、この一連隊は最初の幕府《ばくふ》歩兵隊であり、一八六四〈元治《げんじ》元〉年筑波《つくば》蜂起鎮圧より活動していたものである。差図役に奥山八十八郎《おくやまやそはちろう》▲が任じられた）、衝鋒隊四〇〇人（隊長古屋佐久左衛門）、彰義

▼**荒井郁之助**　一八三六〜一九〇九。幕臣。長崎海軍伝習所で学び、海軍操練所頭取から順動丸《じゅんどうまる》船将、ついで歩兵差図役《さしずやく》頭取となる。榎本艦隊北上に加わり、宮古湾海戦に参加。一八七二（明治五）年一月赦免後、開拓使に出仕した。

▼**小杉雅之進**　一八四三〜一九〇九。幕臣。一八五七（安政《あんせい》四）年、長崎海軍伝習所第三回生。一八六〇（万延《まんえん》元）年、咸臨丸太平洋横断航海に参加、六八（慶応四）年、開陽丸に配属。降伏後『麦叢録《ばくそうろく》』を執筆。一八七四（明治七）年、内務《ないむ》省に出仕、九六（同二十九）年退官。

▼**奥山八十八郎**　一八三九〜六九。幕臣。神奈川奉行《ぶぎょう》支配定番役（菜葉隊《なっぱたい》）をつとめ、旭《あさひ》隊と改称した際、隊長となった。上野《うえの》戦争で闘い、榎本艦隊北上に加わり、一連隊差図役に任じられた。五月八日、大川村《おおかわむら》夜襲で負傷して、箱館病院高龍寺《こうりゅうじ》分院に入院、十一日、敵兵乱入の折自刃した。

隊一八五人(頭取改役は池田大隅と菅沼三五郎《すがぬまさんごろう》)、小彰義隊五四人(頭取改役小林清《こばやしせい》五郎《ごろう》)、陸軍隊一六〇人(一名春日隊、隊長春日左衛門)、砲兵隊一七〇人(隊長関広《せきこう》右衛門《えもん》)、器械方騎兵隊兼(頭宮重一之助《みやしげいちのすけ》)、工兵隊(工兵頭並吉沢勇四郎と小菅辰之助)、遊撃隊一二〇人(隊長伊庭八郎《いばはちろう》)、会津藩《あいづはん》遊撃隊七〇人(隊長諏訪常吉《すわつねきち》)、新選組一一五人(頭取改役森弥一左衛門)、額兵隊二五二人(隊長星恂太郎)、神木《しんぼく》隊七〇人(隊長酒井良輔《さかいりょうすけ》)、杜陵《とりょう》隊七四人(改役伊藤東治《いとうとうじ》)。このほかに千代ヶ岡《ちよがおか》砲台の中島隊(隊長中島三郎助)、五稜郭砲台主任(軍艦隊近藤熊吉《こんどうくまきち》)、箱館病院(院長高《たか》松凌雲《まつりょううん》▲)が存在する。ただし各艦・各隊にも医師が付属している。なお脱走フランス人士官▲には上等士官ブリュネ、中等士官ニコールとコラシュ、下等士官フォルタン・マルラン・カヅヌーフ・ブーフィエ・クラトー・ブウジェー・フリブューの一〇人がおり、通訳として飯高平五郎《いいだかへいごろう》・福島時之助《ふくしまときのすけ》・田島金太郎《たじまきんたろう》が附属していた。この時点では、相馬主殿・安富才介・大野右仲《おおのうちゅう》▲の三人は五稜郭詰陸軍添役、また野村利三郎《のむらりさぶろう》は同介《すけ》となっており、土方の側近的役割を果たしていたが、相馬が同時に新選組に所属し、新選組の任務とされた箱館市中取締りにあたっていたように、彼らは土方と新選組のパイプ役をもきちんと果た

▼**高松凌雲**　一八三七〜一九一六。田安《たやす》家侍医であった高松凌雲は徳川昭武《とくがわあきたけ》の使節団に加わり渡仏したが、幕府倒壊の報を得て五月十七日横浜《よこはま》に着、新政府軍の横暴さをいきどおり、榎本艦隊に加わって仙台、そして蝦夷地に赴き、箱館病院の責任者となった。古屋佐久左衛門は凌雲の実兄。

▼**フランス人士官**　ブリュネとカヅヌーフは榎本艦隊の一員として仙台に来航した軍人。フォルタン・マルラン・ブーフィエは遅れて合流。次の三人と横浜で一緒になったものか。ニコール・クラトー・コラシュは上海からブリュネらと行動をともにしようと、十月十三〜十八日、榎本艦隊が宮古に入港している時期に同港にて合流した海軍士官。なおブウジニー・フリブューの二人はすでに退職していた陸軍下士官であり、新政府はこの二人を除外した八人を脱走者として問題にすることとなる。

していのである。この新選組には、一八六九（明治二）年一月には陸軍隊のうち青山次郎《あおやまじろう》▲（もと回天《かいてん》隊員）ら二五人が、また彰義隊から八人が新規に加入している。

宮古湾海戦

春に入り、新政府軍がいつ来襲するか、榎本軍全員が神経を集中するなか、津軽より間諜《かんちょう》が戻り、三月九日より新政府軍艦隊八隻▲が品川《しながわ》を出帆、十七〜十八日頃までには宮古《みやこ》港に着船し碇泊するとの情報をもたらした。旗艦開陽を失った榎本軍は起死回生の策として新政府艦隊の旗艦甲鉄《こうてつ》艦を奇襲・奪取（仏語でabordageという作戦）する計画を立て、二十日、回天（海軍奉行荒井郁之助、陸軍奉行並土方歳三と添役、神木隊・彰義隊とフランス人海軍士官ニコールも乗船）・蟠龍▲・第二回天（高雄《たかお》）の三艦は箱館港を出帆するが、二十一日に暴風に遭い三艦は離散してしまい、回天のみが二十五日宮古港にいたった。他の二艦を待つ余裕はなく、回天のみで敵八艦にあたり甲鉄艦を奪取しようと、アメリカ国旗を掲げて入港、甲鉄艦に接近するや日の丸を引き揚げ、甲鉄艦舷側に回天の艦首

▼**大野右仲**　一八三六〜一九一一。唐津藩士。主君小笠原長行に従って奥州にて転戦。蝦夷地に渡る際、新選組に入隊。弁天台場降伏後、豊岡《とよおか》県庁に出仕している。

▼**青山次郎**　幕臣。一八六八（慶応四）年四月、回天隊に加入。蝦夷地に入って陸軍隊に属し、一八六九（明治二）年一月十五日、兵士二〇人、歩卒四人を引きつれて新選組に移籍した。赦免後不明。

▼**八隻**　三月二十五日現在、宮古湾に集結していた艦船は甲鉄艦（新政府所有、三門）・丁卯丸（長《ちょう》州《しゅう》藩、四門）・陽春丸（新政府所有、六門）・春日（薩摩《さつま》藩、一〇門）の四艘、運送船は飛龍丸（柳河《やながわ》藩）・晨風丸（久留米《くるめ》藩）・豊安《ほうあん》丸（芸州《げいしゅう》藩）・戊辰《ぼしん》丸（阿波《あわ》藩）の四艘である。

▼**蟠龍**　この艦にはフランス人海軍士官クラトーが乗船していた。

を乗り上げ(六尺の差があった)、海軍士官大塚波次郎《おおつかなみじろう》▲が先頭を切って飛びおり、野村利三郎らがそれに続いた。甲鉄艦の乗組員は大砲を放つ間がなく、小銃・手鎗、そしてガットリングガンで応戦、他艦は甲鉄艦にあたることを恐れ大砲を発射することができず、小銃をもって狙撃するのみであった。回天艦長甲賀《こうが》源吾《げんご》▲はマストから指揮していたが、狙い撃ちされて戦死、かわって荒井郁之助とニコールが指揮するも、応戦激しく死傷者が続出し、三〇分ほどの激戦の末、ついに宮古港から退却せざるをえず、二十六日箱館港に戻った。

この闘いで添役相馬主殿も鎗傷をおい、彼の回想によれば犠牲は討死四二人、戦傷一七人におよんだのである。蟠龍は二十五日、ようやく回天の帰帆を確認、しかも新政府艦隊が追撃しているので、蒸気を盛んにし、帆を順風に張り、かろうじて箱館港に帰ることができた。しかし第二回天はこの追撃艦船に発見されて砲撃を受け応戦するも、ついに逃走不可能となり、艦を田野畑《たのはた》村羅賀《らが》港海浜に乗り上げて上陸、暫時普代《ふだい》村に潜伏するも、それも不可能となり艦長古川《ふるかわ》節蔵《せつぞう》▲以下、小笠原賢蔵《けんぞう》▲ら九五人(フランス人海軍士官コラシュもなかにいる)は南部《なんぶ》藩野田代官所《のだだいかんしょ》を通じて降伏・謝罪を申請する。なお相馬は帰館後、同志野村利

▼**大塚波次郎**　回天艦乗組員。測量役一等、見習一等。

▼**甲賀源吾**　一八三九〜六九。もと掛川《かけがわ》藩士。一八五九(安政六)年幕臣となり、六八(慶応四)年一月軍艦頭並。箱館では開陽座礁後の旗艦回天船将となる。

▼**古川節蔵**　一八三七〜七七。芸州庄屋《しょうや》の三男、のち旗本古川弥三郎《やさぶろう》養子。一八五六(安政三)年適塾《てきじゅく》に入り、五八(同五)年福沢諭吉《ふくざわゆきち》の江戸行きに同行。榎本艦隊北上に加わる。一八七〇(明治三)年海軍に出仕、七五(同八)年には英学塾錦裔塾《きんえいじゅく》を設立した。

▼**小笠原賢蔵**　?〜一八八五。幕臣。幕府海軍士官となり、一八六七(慶応三)年アメリカに渡り、翌年甲鉄艦を回航して帰国。宮古湾海戦後、投獄。廃藩後、内務省に出仕、一八八一(明治十四)年には農商務省商務局准《じゅん》奏任御用掛となる。

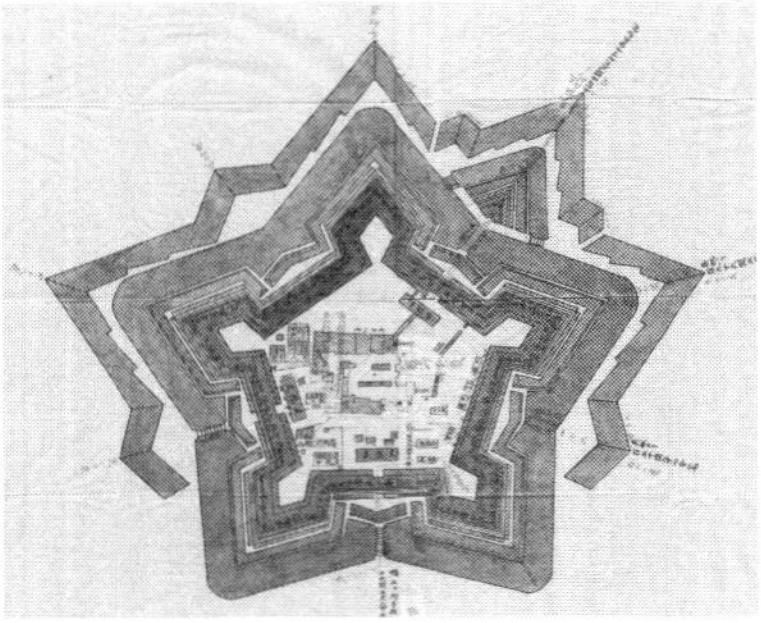

五稜郭（「五稜郭目論見図」より）

三郎の墓を妙伝寺《みょうでんじ》に建てている。

新政府軍箱館めざして進軍

榎本軍は新政府軍不日《ふじつ》来襲と判断、その手当に奔走する。箱館港守備のため回天・蟠龍・千代田形《ちよだがた》の三艦は昼夜港近辺を航行して不慮に備える。なお長鯨《ちょうげい》は室蘭《むろらん》開拓方に附属されて同地に回航されていた。陸軍では五稜郭に彰義隊・神木隊・砲兵隊・杜陵隊あわせて七〇〇余人、箱館に伝習士官隊・新選組あわせて三〇〇余人、有川《ありかわ》より知内までの地に伝習隊三〇〇余人、松前に遊撃隊・陸軍隊・砲兵隊あわせて四〇〇余人、江差に一連隊・砲兵・工兵隊あわせて二五〇余人、鷲ノ木に衝鋒隊・砲兵・工兵隊あわせて一〇〇余人、鷲ノ木から室蘭の各集落におのおの一小隊宛が配置される。当然、新政府軍上陸後は、この配置は移動していく。

新政府軍は四月九日、江差より少し北の乙部《おとべ》に上陸を開始し、一隊は海岸づたいに松前に向かい南下し続ける（九六ページ下図参照）。しかも第二陣、第三陣が十二日、十六日と続々と上陸し、その兵力を増大させていくのである。さら

榎本軍の幹部　前列右より榎本武揚、荒井郁之助、後列右より松岡磐吉、林董、榎本対馬、小杉雅之進。

に、大鳥圭介が五稜郭から指揮する沿岸線榎本部隊への砲撃を新政府海軍が海から不断に行うのだった。この戦いのなかで江差が奪取されて榎本軍は後退を続け、ついに十七日、折戸浜《おりとはま》の闘いで榎本軍を破った新政府軍は福山城を制圧した。後退する榎本軍は知内峠によって敵の猛進を阻止しようとするも利あらず、木古内《きこない》に退くのである。そのため二十一日には回天・蟠龍・千代田形の三艦が榎本軍を援《たす》けるため知内沖に出動、新政府海軍と砲撃戦を夜にいたるまで展開する。一方、二関源治《にのせきげんじ》率いる見国《みくに》隊は十四日にイギリス商船に乗じて鷲ノ木に到着、ただちに木古内の防衛戦に加わった。なおこの船には桑名藩士五人も同乗してきたのである。

榎本軍へは、上国《かみのくに》から木古内に抜ける間道からも木古内の防禦陣地に対し、早くも十二日から攻撃が繰り返されており、二十日にも猛攻撃がなされるも、知内から引き揚げてきた遊撃隊・彰義隊・砲兵隊が撃退した。しかし左腕を失いながら遊撃隊隊長として奮闘してきた伊庭八郎はこの日の闘いにおいて重傷をおい、五月十二日五稜郭で死亡する。四月二十五日、この木古内には彰義隊・衝鋒隊二〇〇余人を残し、一連隊・遊撃隊・陸軍隊は茂辺地《もへじ》へ引き揚げ休

甲鉄

▼二股峠の闘い　文部省編『維《い》新史《しんし》』第五巻(一九四一年刊)も、この闘いは、「一方二股口《ふたまたぐち》の賊は、嶮に拠って容易に屈せず、奇襲を以《もっ》て屢々《しばしば》官軍を悩したが、矢不来方面の敗報至るや、俄に兵を撤して五稜郭に退いた」と叙述する。

養することとなった。かわって二十六日、矢不来《やふらい》には大鳥圭介が指揮する伝習隊・砲兵隊・衝鋒隊・彰義隊・会津遊撃隊・神木隊・杜陵隊・工兵隊あわせて五〇〇余人が結集、野陣を張る。

しかしながら新政府軍の猛攻は続き、二十九日、矢不来に大軍が押しよせ、海からは甲鉄艦以下が巨砲を発射し続け、さらに軍艦からは陸兵がつぎつぎに上陸してくるのである。苦戦を聞き榎本総裁みずからも出馬し督戦するも、新政府軍からの海陸両面よりの砲銃は防ぎがたく、ついに全軍瓦解となり、有川・七重浜に後退して布陣せざるをえなくなった。この矢不来の闘いで衝鋒隊の永井蠖伸斎が戦死する。歳三〇。

この四月九日からの迎撃戦のもう一つの主戦場は江差から中山峠を越え有川に出る街道であった。▲昨年十一月、松岡四郎次郎部隊が西進した道を、今度は新政府軍が箱館めざして東進するのである。ここを守るのは土方歳三率いる伝習士官隊・衝鋒隊・歩兵隊・砲兵隊・工兵隊あわせて二〇〇余人、十二日の午後三時より十三日夕景まで間断なく砲戦して、ついに新政府軍を退却させた。二十三日にも新政府軍が防禦壁を突破しようと全力をあげるも、土方軍も防壁によって応戦。翌二十四日には深山《しんざん》を踏破、背後の山上より銃撃して防壁を破壊しようと試みるも、伝習士官隊が抜刀して敵方に切込みをかけるなど、夜を徹しての攻防戦が続き、二十五日午前、ようやく新政府軍は後退、これよりは攻撃がなくなった。前出の石井勇次郎はこの闘いぶりについて「我《わが》軍地理を得る、且《かつ》土方君将たれば、能く機に応じ勉強して防ぐ、彼れ只《ただ》死傷するのみ」と述べている。

しかし二十九日矢不来の闘いで榎本軍が後退せざるをえなくなったため、退路をふさがれることを恐れ、この日土方軍はいっせいに五稜郭に引き揚げる。石井は「遺憾と雖も止むを得ず遂に引揚る。然るに敵、我厳整なるを見て敢て尾撃せず、故《ゆえに》一人も損せず、又寡を以《もっ》て大敵に当り動かざるは是《これ》土方君の力也」と、土方の闘いぶりを賞讃する。ただし弁天台場《だいば》▲守備と市中取締りを命ぜられていた新選組はこれらの闘いに参加してはいない。

箱館攻防戦と榎本軍の降伏

いよいよ箱館攻防戦となるが、海戦は陸戦より早く開始している。四月二十

▼**弁天台場**　一八六三（文久三）年に竣工した、外国艦の艦砲射撃に箱館港を防備する強固な不等辺六角形の洋式砲台。弁天岬の沖合海中の岩礁の上を海上一・二メートルの高さまで埋め立て、高い石造防壁を建造、五〇門前後の大砲が配備された。

四日午前十時頃、新政府軍戦艦、すなわち甲鉄・春日・朝陽《ちょうよう》・丁卯《ていぼう》・陽春《ようしゅん》の五隻が箱館港に入るのに対し、一〇町を隔てて回天・蟠龍・千代田形の三艦が応戦、砲撃戦は午後四時頃まで続いた。この海戦は二十六日・二十七日・二十八日と続くが、二十九日早朝、千代田形は弁天岬の洲に乗り上げ、浮上させることが不可能となり、蒸気機械を破壊、大砲の火門をふさぎ、乗組員は小舟をもって上陸せざるをえなくなった（九七ページ下図参照）。

この二十九日夜、新選組に有川村へ向けて進撃命令がくだり、新選組が先鋒となり、彰義隊・遊撃隊・陸軍隊・伝習隊あわせて三〇〇人が大鳥統率のもと夜十二時頃に七重浜に達し、新政府軍を散乱させる。

五月三日、甲鉄・春日・陽春・丁卯・朝陽・飛龍《ひりゅう》の六隻が箱館港を襲い、弁天台場は回天・蟠龍と共に応戦したが、勝敗は決せず、新政府海軍側が退いた。

五月七日、甲鉄・陽春・春日・朝陽・丁卯が来襲、蟠龍は蒸気機関修理中のため回天のみが弁天台場と共に応戦、甲鉄の巨弾が回天の車軸を破壊したため運転不可能となったが、なおも屈せずに沖の口番所《ばんしょ》前の浅瀬に乗り上げさせ、浮砲台として砲を片側に列して砲撃を続け、午後三時頃に甲鉄以下は引き揚げた。

五月八日早朝、彰義隊・額兵隊・見国隊・陸軍隊・神木隊・衝鋒隊・砲兵隊・一連隊あわせて五〇〇余人、榎本総督みずから出馬、新政府軍の大川《おおかわ》の陣を襲撃し、両軍交戦数刻におよび午後にいたって榎本軍は五稜郭に入った。

五月十一日は、いよいよ新政府軍全兵力あげての海陸総攻撃となった。蟠龍の一弾は朝陽の火薬庫に命中、大音響とともに沈没、蟠龍も弾丸が尽き果て、浅瀬に艦を乗り上げさせたうえで、蟠龍・回天ともに艦に火を放ち、蟠龍の艦長松岡磐吉《まつおかいわきち》▲以下の乗組員は弁天台場へ、回天の乗組員は五稜郭に入るのである。新政府陸軍大兵の猛攻撃のため、弁天台場と五稜郭のあいだが完全に分断されてしまった。土方歳三は馬にまたがり、彰義隊・額兵隊・見国隊・杜陵隊・伝習士官隊あわせて五〇〇余人を率いて弁天台場の救援にかけつけようと一本木《いっぽんぎ》関門▲にまでいたった時、敵兵が背後にまわったと部隊全体が浮足立ち、必死で土方が叱咤・督戦するなか、狙撃されて戦死する。率いてきた部隊は後退して千代ヶ岡陣屋に入るのである。

完全に孤立させられた弁天台場は五月十二日・十三日と闘うも、十二日より

▼**松岡磐吉**　?～一八七一。幕臣。江川太郎左衛門《えがわたろうざえもん》家家来《けらい》。江川家元締手代松岡正平《しょうへい》三男。長崎海軍伝習所二回生。帰府後、幕府に召されて軍艦役、慶応四年一月軍艦頭並と累進。榎本艦隊脱出行に蟠龍艦長として加わり、清水《しみず》港をへて仙台で合流。一八六九(明治二)年三月二十五日の甲鉄艦奪取作戦にも参加、五月十一日には朝陽を撃沈している。降伏後、辰《たつ》ノ口《くち》糺問所入獄中に病没した。

▼**一本木関門**　榎本軍は箱館市内に入る箇所の外海岸大森浜より港岸の一本木まで柵を設け関門とし、鑑札《かんさつ》無き者は出入を許さず、また乏しい榎本政府財政をまかなうため、通行料を徴収した。

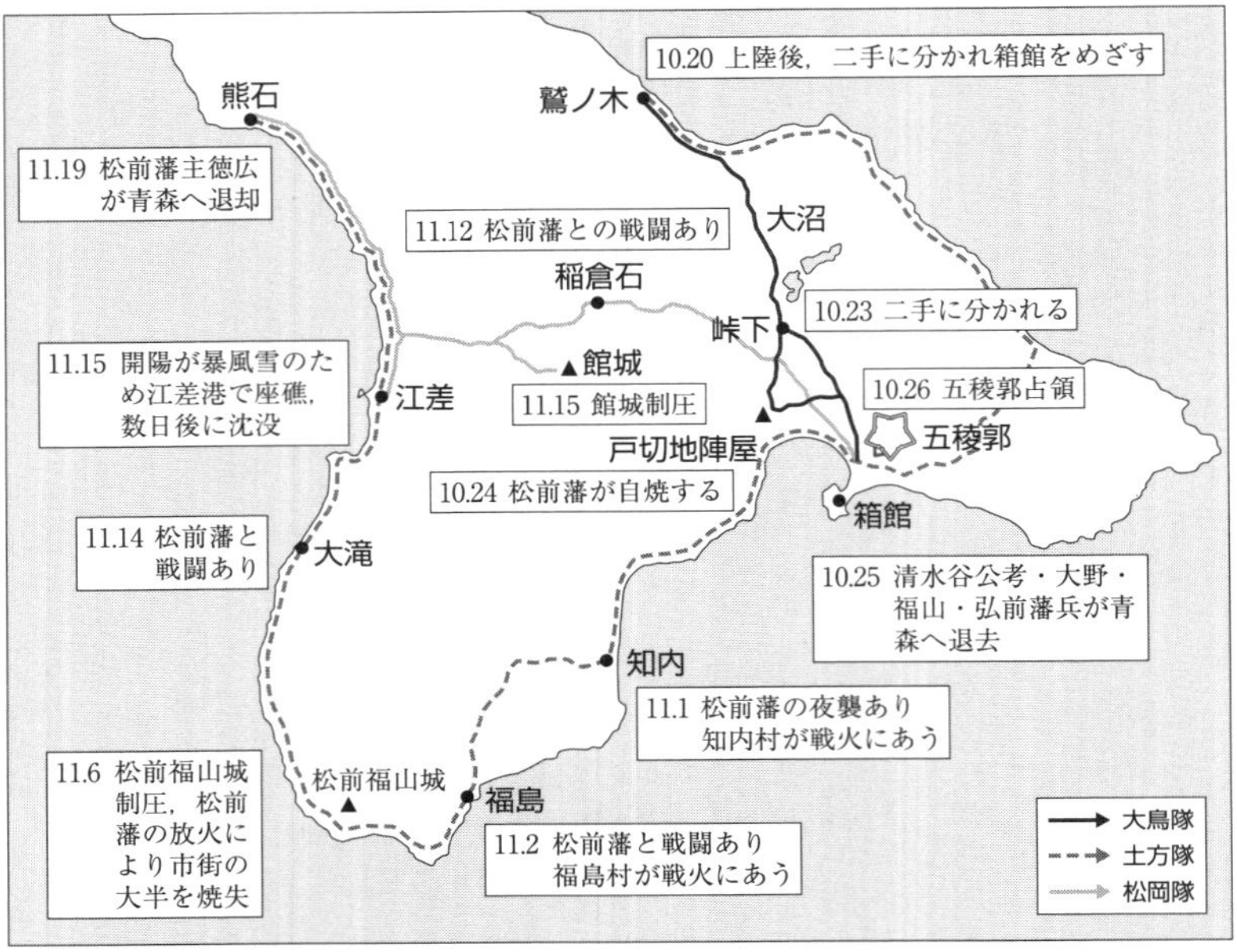

旧幕府軍進攻図（市立函館博物館五稜郭分館常設展示図録『五稜郭・箱館戦争』より，一部加筆）

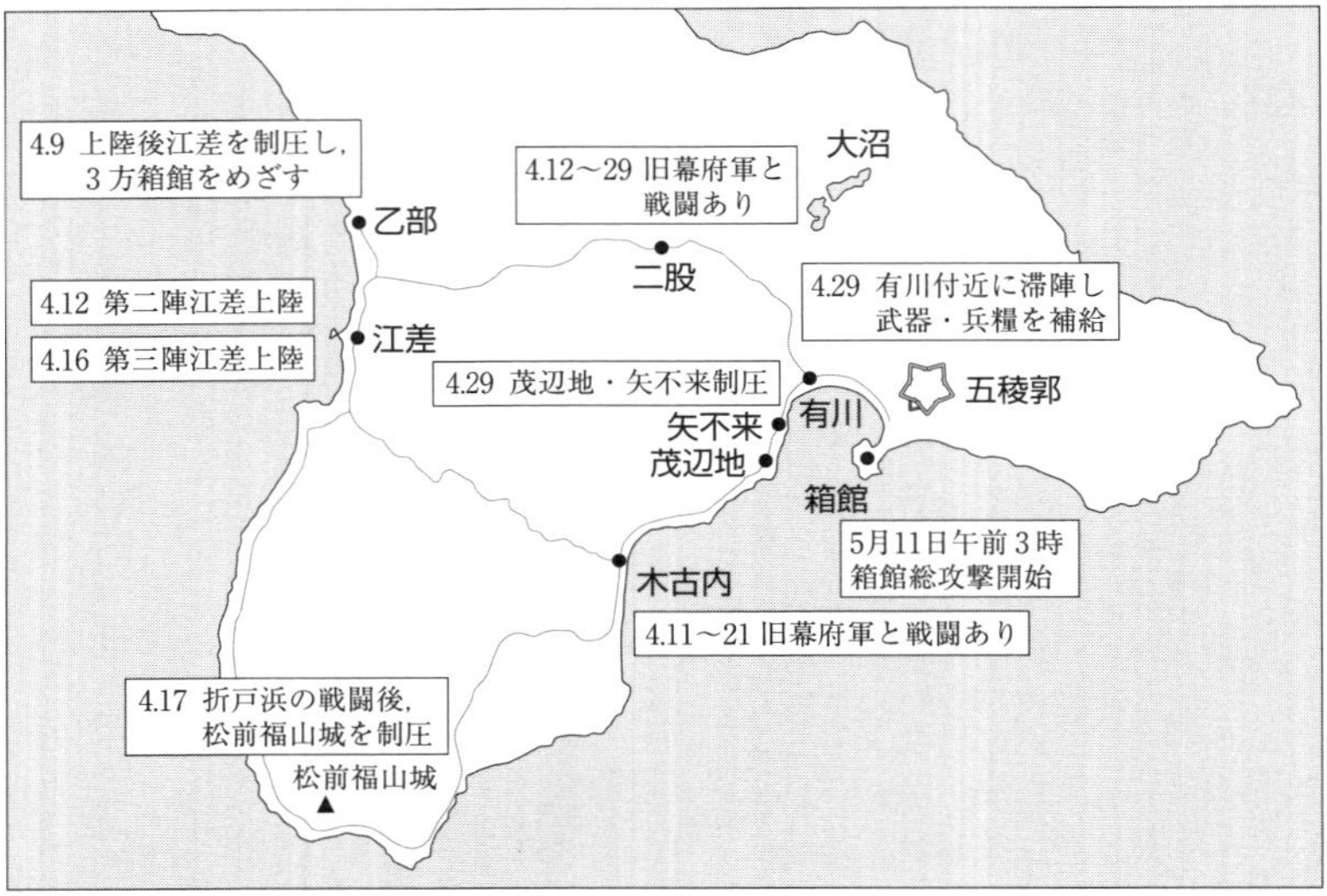

新政府軍進攻図（同上）

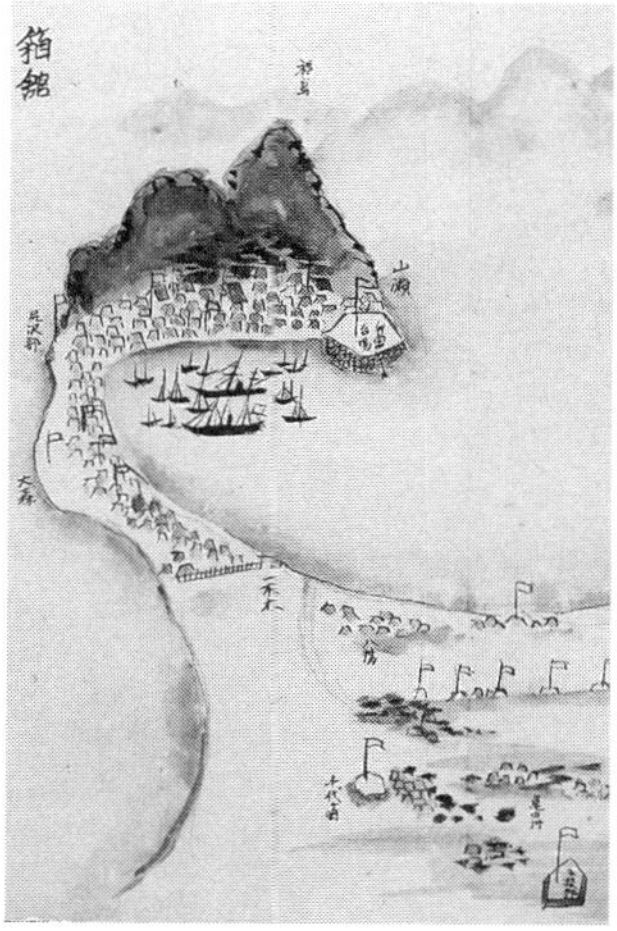

一本木関門（「遊撃隊起終南蝦夷戦争記」より）

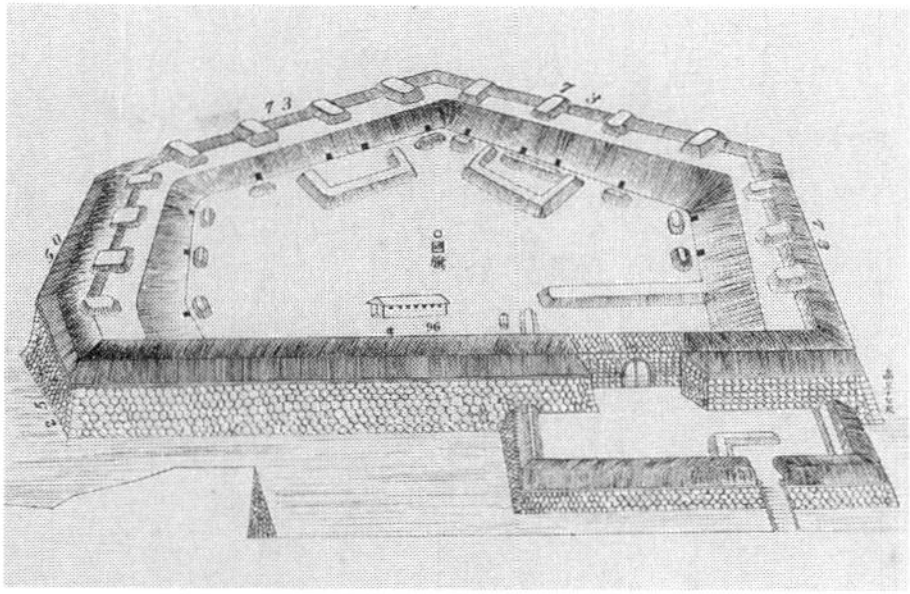

弁天台場（「弁天崎砲台」より）

弁天台場入口

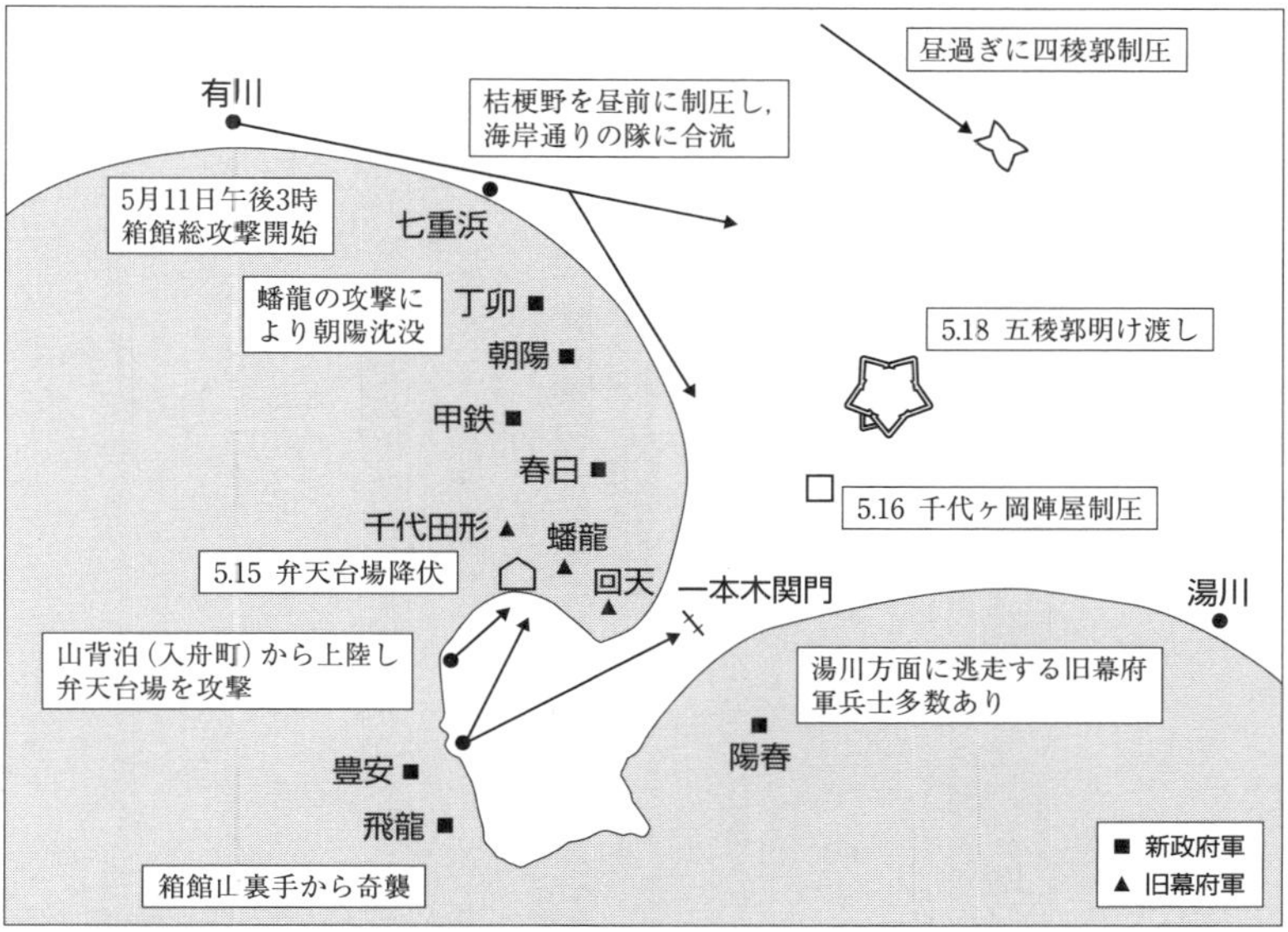

新政府軍箱館総攻撃図（前ページと同）

は台場内の糧食がたえ、水桶も破壊されて飲料水も欠くこととなった。馬の死肉や草木の根や葉、さらには貝を食べるほか手段がなくなってしまったのである。

この五月十三日、箱館病院の高松凌雲・小野権之丞《おのごんのじょう》▲の連名で、台場内の永井尚志（箱館奉行）・川村録四郎《かわむらろくしろう》▲（会計奉行）宛に降伏勧告状が送られ、翌十四日、新政府軍応接方田島圭蔵《たじまけいぞう》▲（新政府軍軍監、薩摩《さつま》藩士）が白旗を掲げて到来、相馬主殿が出迎えて交渉となり、田島は「官兵は兵尽きること無し。貴辺が兵を一人失はば、則ち一人の力を失う。何ぞ四百人を斃すことは天下に益あらず、速に官軍に降伏せよ」と説得、相馬は「伏見《ふしみ》以来今日に至り、今正《まさ》に降らざるや、人心の帰せざる所あり、勝敗利鈍に至ては死を以て降らん」と応答、降伏はしないが休戦とすることで合意する。

この五月十三日、高松・小野書状を附した五稜郭宛の総督府参謀黒田清隆《くろだきよたか》▲降伏勧告状が送られているが、この時は榎本は拒絶し、併せてオランダ留学中に得た『海律全書《かいりつぜんしょ》』▲二冊を黒田に贈っている。

翌日の十四日、相馬は田島の要請を受け、台場から馬を走らせ五稜郭に赴き、

▼**小野権之丞**　一八一八〜八九。会津藩士。奥羽越列藩同盟《おううえつれっぱんどうめい》の白石《しろいし》に開設された公議府への会藩会議人の一人。籠城中の若松に帰還不可能となり榎本艦隊に加わり、病院長高松凌雲のもとで箱館病院事務担当「病院掛」をつとめた。

▼**川村録四郎**　一八三六〜?。幕臣。一八六七（慶応三）年海軍調役組頭。開陽丸に取締役として搭乗。箱館政権の会計奉行。廃藩後は海軍大主計、開拓使一等属などになり、一八九八（明治三十一）年には榎本の代理としてメキシコの植民候補地を視察した。

▼**田島圭蔵**　一八六八（明治元）年十月二十八日、箱館に入港した秋田藩所有高尾丸《たかおまる》に船将として搭乗していた人物であり、同艦没収後、青森へ送り返された。

榎本に降伏を勧めるも、彼は降伏せずと相馬に答えている。

弁天台場は五月十五日夕刻に新政府軍に引き渡され、台場降参人一四三人は実行寺《じつぎょうじ》に移った。この十五日、田島の案内で相馬・永井尚志・松岡磐吉の三人は五稜郭に赴き、再度降伏方を説得するも、依然として榎本は応じなかったが、弁天台場が降伏したうえに五月十六日には中島三郎助と息子二人が戦死し、千代ヶ岡砲台も陥落、士官は死を決しているものの、歩兵の動揺はなはだしく、完全に孤立した五稜郭勢は、五月十八日、最高幹部の榎本武揚・松平太郎・荒井郁之助・大鳥圭介の四人が降伏するにいたるのである。

箱館戦争での三つの課題

結びに入る前に、箱館戦争にかかわる若干の問題に言及しておこう。

一つは箱館にいたった一会桑派《いっかいそう》藩侯《はんこう》の進退問題である。新政府軍の乙部上陸前、榎本は土方を使者として板倉勝静《いたくらかつきよ》・松平定敬《さだあき》・小笠原長行《ながみち》の三侯に対し、「三公には最初より兵事に御拘りもこれ無き事」、「一先《ひとま》ず御避け然るべく、室蘭に赴き、同地の長鯨に乗りこみ、アツケシ方面に御避け成され候よう」にと

▼**黒田清隆**　一八四〇〜一九〇〇。薩摩藩士。西郷隆盛《さいごうたかもり》のもと薩長同盟の締結に尽力した。戊辰《ぼしん》戦争では奥羽征討越後口《えちごぐち》総督府参謀として活躍、箱館戦争では青森口総督府参謀となって長州《ちょうしゅう》の山田顕義《やまだあきよし》と共に新政府軍の指導部にあって指揮をとり、五稜郭への和議《わぎ》勧告に腐心、戦後は榎本武揚らの助命に奔走した。その後、開拓使のトップに立って北海道開拓に専念、大久保暗殺後の薩閥《さつばつ》代表者となって明治政界を牛耳ることとなる。

▼**『海律全書』**　フランス人国際法学者オルトラン著『海の国際法規と外交』をオランダ人学者が蘭語に翻訳した手書き草稿のこと。一冊は三四八ページ、他の一冊は四九〇ページ。榎本が熟読したもの。

勧告、四月七日勝静▲、長行▲一行は川汲に宿泊、同日定敬▲も別に出立したが合流できず、結局、箱館に戻り、定敬は十三日、勝静・長行は二十三日、外国船に乗って箱館から脱出する。榎本・土方の立場からすれば、大名《だいみょう》身分の者は別格との意識とともに、死を決する激戦が必定、指揮下の面々を完全に統率するためには、旧主を慕う気持ちは厳禁との思いも存在したはずである。戊辰の闘いでの敗因は各藩の立場がまったく統制できなかったからだとの確信は榎本・土方のものでもあったのである。

一つは品川脱走以来、榎本軍と行動をともにしたブリュネ砲兵大尉以下一〇人のフランス人士官の問題である。ブリュネはフランス人士官の指導のもと、蝦夷地にある榎本軍をフランス軍隊式の絶対服従の強力軍隊に成長させようと意図しており、フランスへの手紙では「わが輩がフランスに帰るか、それともわが輩の要求することに応じるか、二つに一つを選択せよ」、「訴えは成功しました。将軍級の指揮官まで全員が署名しました。以後この六週間、規律の厳正さは素晴らしいものです。嗚呼、あのタイクンの間抜けさえ、もう少し解っていれば」と述べているのである。ブリュネの本当の狙いは蝦夷地に徳川支持者

▼板倉勝静の脱出　仙台で息子勝全《かつまさ》を帰国させ(一八六九〈明治二〉年二月自訴)、蝦夷地に渡ったが、年寄《としより》役西郷熊三郎《くまさぶろう》が一八六九年一月箱館に入り、脱出を懇願、拒否されるも、プロイセン商船長ウエーウに一万ドルをもって依頼して箱館に赴かせ、勝静が辻七郎《つじしちろう》左衛門《ざえもん》らと共に同船に乗って箱館を出航するのが四月二十三日、勝静が元預かり先であった宇都宮《うつのみや》藩に自訴するのが五月二十六日のことである。

▼小笠原長行の脱出　一八二二～九一。長行は家臣《かしん》前橋《まえばし》小五郎《こごろう》・多賀《たが》星也を従えて箱館を脱するも失敗、箱館に戻ったのち、外国船に乗じて一八六九(明治二)年四月二十三日、板倉勝静とともに蝦夷地を脱出、東京に戻るも、アメリカ逃亡を喧伝して潜伏、七二(同五)年七月帰朝を本家《ほんけ》より政府に報告させ、前罪不問の朝命《ちょうめい》を得て、東京駒込《こまごめ》に閑居した。

を結集させ、新政権にひびが入るのを待ちつつ、徳川家のために復讐を期す場にすることにあった。しかし新政府軍の猛攻を前にして、フランス人士官たちは四月二十九日、フランス船コートロゴンに救助を求めることとなった。『説夢録』の筆者は、「戦争利なきを察し、皆脱して自国の船に乗りたりとかや」と伝聞を記している。

一つは土方歳三と榎本陸軍・新選組との関係の仕方である。土方は箱館戦争期には陸軍奉行大鳥圭介につぐ陸軍奉行並に任じられている。榎本陸軍全体を統轄し、しかも中山峠の戦闘のように最前線に立って陣頭指揮をとる武将となっていた。ただし新選組から切れたかというとけっしてそうではなく、新選組の構成に関してはすべて彼の判断がかかわっていたとみていいだろう。上述のように安富才介・相馬主殿・大野右仲が土方の側近兼新選組との連絡役になっていたのである。土方の戦死した翌十二日、安富は日野《ひの》の土方実家宛に、前年四月以降の土方の行動を記し、昨日、町はずれの一本木関門にて諸兵隊を指揮し、同所にて討死と報じているが、ここでも「然ば土方隊長の義」と彼を隊長と呼んでいるのである。ただし土方戦死の際、安富がつきそっていたような文面

▼松平定敬の脱出　四月十三日、松平定敬は桑名から来た家老酒井《さかい》孫八郎《まごはちろう》、側近松岡孫三郎《まごさぶろう》、金子屋《かねこや》寅吉《とらきち》と共にアメリカ船で箱館を出発する。横浜に到着するのは四月二十六日である。

ではなく、立川主税《たてかわちから》▲が「終始付添居候間、城内を密に出し、その御宅へ右の条々委細《いさい》御物語致し候よう致したき存念」とあり、立川が側近として戦死の際、そのさまを実見していたのである。

　では、十二月二十二日の段階では既述のように新選組隊長は桑名藩士で土方と熟知の間柄だった森弥一左衛門▲（変名常吉《つねきち》）だったのに、いつから相馬主殿となったのか？　弁天台場の総責任者として降伏したのは永井尚志、松岡磐吉、そして相馬主殿、この三人と五稜郭の榎本以下四人、計七人が箱館戦争の旧幕軍総責任者なのである。著者は森の主君松平定敬が箱館を去る四月十三日から相馬にかわったと考えている。仙台で森たち桑名藩士たちが土方の許可を得て新選組に加盟したのは、なんとしても主君の身辺に仕えたいからであった。主君が箱館を去ってしまえば、自分たちの第一目的は喪失し、あとはサムライとして死を決し新選組の隊員として新政府軍と闘うのみである。以降、生粋の新選組士相馬主殿がその指揮をとることが自然のなりゆきだと思われる。

　ここで箱館戦争期の新選組隊員がどのような構成だったかを検討してみよう。箱館戦争期、降伏者名簿に載せられている隊員と戦死者らをあわせて、著者

森弥一左衛門

▼**立川主税**　一八三五〜一九〇三。筑前《ちくぜん》国宗像《むなかた》郡の町人の子。一八六八（慶応四）年春に新選組に加入、勝沼戦争に参加、箱館では土方付属となり、その最期を見届けている。赦免後仏門に入り、山梨県東山梨郡春日居《かすがい》村地蔵院《じぞういん》住職として没している。

▼**森弥一左衛門の最期**　森は九月に東京へ護送、十一月桑名藩に引き渡され、藩主松平定敬のかわりに、一八六九（明治二）年十一月十三日、切腹して果てた。ただし板倉勝静の場合には、勝静を蝦夷

地までも渡らせた責任者として責を負って死んだ家臣はおらず、ましていわんや小笠原長行の場合には誰もとがめられていない。

▼**蟻通勘吾**　一八三九〜六九。池田屋《いけだや》襲撃事件に参加。白河口《しらかわぐち》の闘いで重傷。重傷のまま蝦夷地に渡り、五月十一日の新政府軍総攻撃の際、戦死か分院で殺害されたか、いずれかと思われる。

▼**横倉甚五郎**　一八三四〜七〇。多摩《たま》郡堀之内《ほりのうち》村出身。近藤周助《しゅうすけ》門人。一八六五(元治元)年十月新選組入隊。伊東甲子太郎《いとうかしたろう》暗殺者の一人。弁天台場降伏後、坂本龍馬《さかもとりょうま》暗殺嫌疑により一八六九(明治二)年十一月、兵部省《ひょうぶしょう》辰ノ口糺問所に護送、七〇(同三)年二月、今井信郎・大石鍬次郎《おおいしくわじろう》・相馬主計《そうまかずえ》と横倉は刑部省《ぎょうぶしょう》牢に移された。龍馬暗殺の疑いは晴れたものの、甲子太郎一件で訊問が続くなか、八月十五日に獄死した。

の計算では一一五人となるが、この期間、新選組と他の部隊とのあいだで移動する者があるので計算に多少の差は出てくるはずである。

まず、勝沼《かつぬま》戦争に参加した古参組士は二一人、そのなかには相馬主殿・野村利三郎・蟻通勘吾《ありどおしかんご》▲・島田魁《しまだかい》・横倉甚五郎《よこくらじんごろう》▲・安富才介・中島登《なかじまのぼる》・立川主税などの面々も当然入ってくる。

次に多いのが旧幕臣と一くくりにできる人びと二九人で、回天隊・純義《じゅんぎ》隊・彰義隊・伝習第一大隊からの転入組や旗本《はたもと》永井尚志・神保《じんぼ》弾正忠《だんじょうのちゅう》・本堂内膳《ほんどうないぜん》・小笠原新太郎《しんたろう》・松平民部《みんぶ》・武田兵庫《たけだひょうご》などの家来、さらには箱館奉行所役人だった者も三人が入隊している。

次に、藩主松平定敬に付き従ってきた森弥一左衛門以下の桑名藩士が二四人、次が小笠原長行に付き従ってきた唐津藩士が二四人、次が板倉勝静に付き従ってきた備中松山《びっちゅうまつやま》藩士が八人ということになる。

残りの隊士は会津藩士二人、弘前藩士一人、安中《あんなか》藩士一人、三州吉田《さんしゅうよしだ》藩士一人、出身不明の者が五人となる。

土方・榎本・勝の位置づけ

新選組《しんせんぐみ》における土方歳三は、一八六三(文久《ぶんきゅう》三)年二月の奉勅《ほうちょく》攘夷《じょうい》期、尽忠《じんちゅう》報国《ほうこく》有志の一員として上京したあとの京都の日々では、優れた政治力を有する近藤勇《こんどういさみ》の補佐役に徹し、隊員徴募や諸方面への組織的折衝などにその能力を発揮した。そして近藤と土方は、朝幕《ちょうばく》融合京坂《けいはん》政権を形成することによる幕《ばく》府《ふ》主体の外圧に抗するあらたな政治機構を構想していた。それは慶喜《よしのぶ》の大政奉還《たいせいほうかん》を積極的に支持した永井尚志《ながいなおゆき》にしろ、支持することには躊躇《ちゅうちょ》を見せた板倉勝静《いたくらかつきよ》・小笠原長行《おがさわらながみち》・松平容保《まつだいらかたもり》・松平定敬《さだあき》らのいずれにしろ、幕府の再生を期して京坂の地で奔走し続ける一会桑《いっかいそう》グループとしてまとめられる面々と同一のものであった。

しかしこの歴史的方向性は十二月九日、薩摩藩《さつまはん》と薩長《さっちょう》派公卿《くぎょう》たちの共謀によるよる王政復古《おうせいふっこ》クーデタによってみごとに破壊されてしまった。幼帝を挟《わきばさ》んでの権力簒奪との憤怒の念は、その寸前まで右に見るような政治工作に尽力していたこれらの人びとにとっては、他の党派や他の諸藩とは比べようもないほど強烈なものとなった。その江戸《えど》での激発は徳川宗家《とくがわそうけ》の家長《かちょう》慶喜の絶対恭順・家名存続の固い意志によってかろうじて押さえられていたものの、江戸開城以降は薩長私権力に対する徹底抗戦の態度にあらわれることになる。

仙台《せんだい》に結集する数ある旧幕《きゅうばく》諸隊のなかで、桑名《くわな》にしろ唐津《からつ》にしろ備中松山《びっちゅうまつやま》にしろ、それらの藩士の編入方を依頼したのは、京都の時代より密接不可分に行動をともにしてきた土方と新選組に対してであった。箱館《はこだて》での一時期、多数の古参隊士がいるなかで桑名藩士のリーダー森弥一左衛門《もりやいちざえもん》が新選組隊長を名乗ったのも、両者間に隔意ない共通の経験が存在していたからである。さらに箱館奉行《ぶぎょう》永井尚志がその最終段階では弁天台場《べんてんだいば》において新選組と生死をともにするのも、一八六三年以来の永井と近藤・新選組との親交と信頼があればこそのことであった。

近藤が一八六八（慶応《けいおう》四）年四月五日、土方の奔走にもかかわらず板橋《いたばし》に連行されて以降、新選組の隊長をつとめるようになった土方は、それまでの胆力と組織力に加え、これまでは表にあらわれてこなかった武人としての決断力・指導力を発揮しはじめ、四月十九日の宇都宮城《うつのみやじょう》攻略戦の成功はそのみごとな証明となった。土方は新選組にとどまらない脱走旧幕軍全体での必要不可欠な指導者に成長していき、箱館での軍事的活躍も人びとの舌を巻かせ続ける。「蝦《え》夷《ぞ》地《ち》をして徳川幕府回復の地にすること能《あた》わずんば一死あるのみ」は近藤を刑死させた彼にとっての不退転の座右銘となる。「滅亡の美学」を彼は求め続けるのである。桑名藩士で新選組に加入した石井勇次郎《いしいゆうじろう》は、五月十一日の土方戦死の報を聞き、「砲台に在る新選組、其長死すを聞、赤子の慈母を失うが如く悲歎して止ず、ああ惜むべき将也」とその日記に記している。

他方、榎本武揚は膨大な数の幕府旗本《はたもと》中のエリート中のエリート、幕府国家海軍のキーパーソンとなった軍人であり、上官矢田堀鴻《やたぼりこう》を差し置いて幕府海軍幹部全員の信望を一身に集めていた。しかも陸軍と違い幕府海軍は鳥羽《とば》・伏見《ふしみ》戦争で敗北はしておらず、この海軍さえあれば、諸藩寄せ集めの海軍何するものぞとの気概をいだいていた。徳川家達《いえさと》の駿府《すんぷ》入りと同時に東北に脱走し、列《れっ》藩同盟《ぱんどうめい》に助力、新政府軍に対し長期に抗戦を継続し、徳川家回復を意図していたのである。しかし仙台に来てみれば列藩同盟は瓦解寸前、蝦夷地によって闘いを継続しようとつとめても、頼みの綱開陽《かいよう》は沈没、甲鉄《こうてつ》艦奪取戦には失敗し、箱館湾において新政府海軍と闘うべき回天《かいてん》・蟠龍《ばんりゅう》・千代田形《ちよだがた》はともに戦艦の機能は果たせなくなった。そして五月十一日新政府軍の総攻撃により、土方は戦死し、五稜郭《ごりょうかく》と弁天台場は分断され、それぞれ孤立させられた段階で、士官クラスは中島三郎助《なかじまさぶろうすけ》のごとく、死を決して平然たるものの、兵士レヴェルでは浮足立って収拾がつかなくなってしまったのである。五月十八日、五稜郭の責任者四人を代表し、部下将兵への寛大な処分を求め、全責任をとって降伏したのは、無意味な部下兵士の戦死をさせない欧米近代国家の戦争法規をふまえての立派な態度であった。

榎本をはじめ五稜郭と弁天台場の七人の責任者は当初は死罪を覚悟していたが、闘った相手の新政権は、旧幕府が武田耕雲斎《たけだこううんさい》以下水戸《みと》西上勢に対してとった三五二人もの権力に刃向かう者への見せしめの処刑を科したような、愚劣政権ではすでになかった。榎本をはじめとする旧幕海陸士官たちは、新生国家に不可欠な高度の技術者集団だったのであり、なんとか理由をつけ、釈放して活用したい人材ばかりであったのである。▲榎本は天皇制国家においても、ロシアとの外交交渉でもその優秀な能力を発揮し、駐清《しん》公使としても活躍、一八九一(明治二十四)年五月には外務大臣に就任し、ロシア側の信望を背負って大津《おおつ》事件の難局に対処する。ただし天皇制国家は同時に薩長藩閥《はんばつ》政府でもあった。彼がもっともその能力をふるいたかった帝国海軍は薩閥の占拠するところ、そこから完全に排除され続けるのは、やはり旧幕府出身という敗者の烙印が彼にしっかりと押されていたためであろう。

土方は死に場所として箱館の地を選び、榎本はその身体にしみこんだエリート性と抜群の能力をもって天皇制国家の隆盛《りゅうせい》にも寄与した。

福沢諭吉《ふくざわゆきち》も中津《なかつ》藩士から旧幕臣《ばくしん》に取り立てられた知識人、しかも武士身分をみずから放棄する特異の選択をした人物だったが、江戸開城時において、「官軍と称する二三強藩の兵力に対し一戦も交えずして只管《ひたすら》和を講じ哀を乞ふの行為に出でたのは、三河《みかわ》武士の精神、即ち瘠我慢《やせがまん》の大主義を没却したもので、立

▼西郷の意見　極刑を主張していた品川弥次郎が西郷隆盛の意見を聞いたところ、「薩藩古来の掟にては総て投降者を殺さぬといふの例でござる」と、投降者を駿府徳川氏に引き渡すべしと答えている。

国の根本たる士気の上よりいえば其罪断じて免がるべからず、勝《かつ》たるもの、宜《よろ》しく其責を引き政府の礼遇を辞し利禄を棄てて其跡を隠すべきに、恰《あたか》も旧主家を売りたるを手柄として新政府の地位に得々たるは何ぞや」と勝の態度に憤懣《ふんまん》を抱き続け、この趣旨の「瘠我慢の説」を一八九二(明治二十五)年一月に勝に私信で送りつけ、その回答を求めている。勝は福沢に「行蔵《こうぞう》(出処進退)は我に存す、毀誉《きよ》は他人の主張、我に与《あずか》らず我に関せずと存候」と返書し、この非難をまったく意に介さなかった。

彼はあらたな天皇制国家のなかにおける徳川宗家のゆるぎない地位確保のため、薩長藩閥勢力が無視できない旧幕府代表という政治的影響力をふるい続け、そのために役立つとみれば海軍卿のポストも、極秘に大日本帝国憲法を審理する枢密顧問官《すうみつこもんかん》のポストも拒まなかった。そして自分より一世代若い藩閥の面々を批判したり揶揄《やゆ》したりするためには、事あるごとに盟友大西郷《だいさいごう》の偉大さを誇示するのである。天皇制国家が立憲《りっけん》主義と衆議院に対峙させ皇室の藩屛《はんぺい》としての華族《かぞく》と貴族院《きぞくいん》をもりたてようとすればするほど、大名《だいみょう》華族の結集する核が徳川宗家になっていくことは、近代日本の一つの必然となっていく。

このように見てくるならば、土方も榎本も勝も、それぞれの信条によって生き、そしてそれぞれの信条にそって死んでいったのである。

三十一人会編『斎藤一　新選組論考集』小島資料館, 2016年
R.シムズ著, 矢田部厚彦訳『幕末明治日仏関係史　1854〜1895年』ミネルヴァ書房, 2010年
鈴木要吾『蘭学全盛時代と蘭疇の生涯』(復刻版)大空社, 1994年
高松卯喜路『幕将古屋佐久左衛門(兄)・幕医高松凌雲(弟)伝』秀巧社印刷(私家版), 1980年
高村直助『永井尚志　皇国のため徳川家のため』ミネルヴァ書房, 2015年
永倉新八『新撰組顚末記』(新装版)新人物往来社, 1998年
樋口雄彦『箱館戦争と榎本武揚』吉川弘文館, 2012年
日野市立新選組のふるさと歴史館編『新選組　戊辰戦争のなかで　第三回特別展』日野市立新選組のふるさと歴史館, 2008年
日野市立新選組のふるさと歴史館編『巡回特別展　剣客集団のその後　新選組・新徴組の変容と終焉』日野市立新選組のふるさと歴史館, 2016年
日野市立新選組のふるさと歴史館編『幕臣尊攘派　浪士組から江戸開城へ山岡鉄舟らの軌跡　特別展』日野市立新選組のふるさと歴史館, 2016年
日野市立新選組のふるさと歴史館ほか編『幕末動乱　開国から攘夷へ』土浦市立博物館, 2014年
藤原相之助『仙台戊辰史』荒井活版製造所, 1911年
保谷徹『戊辰戦争』吉川弘文館, 2007年
星亮一編『「朝敵」と呼ばれようとも　維新に抗した殉国の志士』現代書館, 2014年
真下菊五郎編『明治戊辰梁田戦蹟史』梁田戦蹟史編纂後援会, 1923年
的野半介『江藤南白(上)』南白顕彰会, 1914年
山崎有信『彰義隊戦史』隆文館, 1912年

写真所蔵・提供者一覧(敬称略, 五十音順)

茨城県立歴史館　p. 14
高知県立歴史民俗資料館　p. 21下
国立国会図書館　扉左
尚古集成館　p. 34
市立函館博物館　p. 97上左
鳥屋部孝・恭子(所蔵), 足立区立郷土博物館(寄託)　p. 35
鎮國守國神社　p. 102
日本カメラ博物館　p. 91
函館市中央図書館　カバー表, カバー裏, 扉右, p. 90, 97中
函館市中央図書館・市立函館博物館　p. 97上右
山梨県立博物舘　p. 32上
横浜開港資料舘　p. 16

参考文献

〈史料〉

『榎本武揚未公開書簡集』榎本隆充編，新人物往来社，2003年

「小野権之丞日記」『維新日乗纂輯』第４巻，日本史籍協会編，1927年

「覚王院義観戊辰日記」『維新日乗纂輯』第５巻，日本史籍協会編，1928年

『勝海舟関係資料　海舟日記３』東京都江戸東京博物館，2005年

『勝海舟全集１・２』勝海舟全集刊行会編，講談社，1976・77年

「上条平兵衛日記」『大月市史　史料篇』大月市，1976年

「慶応４年３月　柏尾戦争記」『新選組　戊辰戦争のなかで　第三回特別展』日野市立新選組のふるさと歴史館，2008年

『小杉雅之進が描いた箱館戦争（「麦叢録」）』合田一道編，北海道出版企画センター，2005年

「酒井孫八郎日記」『維新日乗纂輯』第４巻，日本史籍協会編，1927年

「彰義隊頭取池田大隅守家臣岩村俣手記」（写本，東京大学史料編纂所）

『新選組史料集』（コンパクト版）新人物往来社，1995年

『説夢録』石川忠恕，八尾商店（印刷），1895年

「（相馬主殿）贈友談話」『新選組　戊辰戦争のなかで　第三回特別展』日野市立新選組のふるさと歴史館，2008年

『土佐藩戊辰戦争資料集成』林英夫編，高知市民図書館，2000年

『幕末実戦史』大鳥圭介，宝文館・誠文館，1911年（附録に「南柯紀行」「衝鋒隊史」所収）

『函館市史　史料編　第２巻』函館市，1975年

「林昌之助戊辰出陣記」『維新日乗纂輯』第５巻，日本史籍協会編，1928年

『復古記』全15巻，東京大学史料編纂所，1930年

「北洲新話」丸毛利恒（写本，史談会本）

「戊辰戦争見聞略記」石川勇次郎（桑名藩士），『別冊歴史読本特別増刊　新選組』新人物往来社，1993年

「結城無二三談」『山梨県史　資料編14』山梨日日新聞社，1996年

『遊撃隊起終録　附戊辰戦争参加義士人名録』玉置弥五左衛門（1930年直前に孔版印刷，附録に「南蝦夷戦争記」あり）

〈辞書類〉

明田鉄男編『幕末維新全殉難者名鑑』新人物往来社，1981年

古賀茂作・鈴木享編『「新撰組」全隊士録』講談社，2003年

安岡昭男編『幕末維新大人名事典』新人物往来社，2010年

〈研究書類〉

相川司・菊地明『新選組実録』筑摩書房，1996年

会津戊辰戦史編纂会編『会津戊辰戦史』会津戊辰編纂会，1933年

江原先生伝記編纂会編『江原素六先生伝』三圭社，1923年

大塚武松『幕末外交史の研究　新訂増補版』宝文館，1967年

大村益次郎先生伝記刊行会編『大村益次郎』肇書房，1944年

海江田信義（西河称編）『維新前後実歴史伝』牧野善兵衛，1892年

金井圓『対外交渉史の研究　開国期の東西文化交流』有隣堂，1988年

加茂儀一編『資料榎本武揚』新人物往来社，1969年

榎本武揚とその時代

西暦	年号	齢	おもな事項
1836	天保7	1	*8-25* 幕臣榎本円兵衛次男として江戸に生まれる
1856	安政3	21	*4-* 長崎海軍伝習所に入る
1858	5	23	*2-* 長崎海軍伝習所卒業。*6-* 築地海軍操練所教授となる
1862	文久2	27	*6-18* オランダ留学に出発
1863	3	28	*4-* オランダ到着。*8-* 開陽起工式
1866	慶応2	31	*8-* 開陽完成し，造船所からオランダ貿易会社に引渡し。*10-25* 榎本ら一行，開陽にて帰国の途に就く
1867	3	32	*3-26* 開陽，横浜到着，*5-* 日本に引き渡されて榎本は同艦艦長に任命，10月以前より大坂湾に停泊，政局を凝視する。*12-9* 二条城の会議に出席。*12-13* 開陽に戻る
1868	4（明治元）	33	*1-3* 開陽，薩艦春日を追跡。*1-8* 徳川慶喜，開陽に乗船，副長沢太郎左衛門に江戸帰還を下命。*1-15* 榎本，富士山丸にて品川沖に到着。*1-23* 榎本，海軍副総裁に任命される。*4-9* 旧陸海軍幕臣一同，江戸開城に関し嘆願書提出。*4-12* 旧幕海軍，艦船を率いて館山に脱出。*4-28* 品川港に帰還。*8-19* 榎本艦隊，品川沖より仙台へ脱走。*10-20* 榎本艦隊，鷲ノ木に上陸。*10-26* 箱館占領。*11-15* 開陽，江差沖で座礁。*12-22* 榎本，幕府軍総裁に選出される
1869	明治2	34	*3-25* 榎本海軍，宮古港での甲鉄艦奪取に失敗。*5-11* 新政府軍，箱館総攻撃。*5-18* 榎本ら榎本軍幹部降伏。*6-30* 東京に着，入獄
1872	5	37	*1-6* 出牢して親類宅に謹慎。*3-6* 放免。*3-8* 開拓使四等出仕を拝命。*5-30* 函館上陸，鉱物・石炭山の調査を行う
1873	6	38	*1-17* 開拓中判官拝命
1874	7	39	*1-14* 海軍中将拝命。*1-18* 特命全権公使拝命。*6-10* ペテルブルグに着。*6-23* 国土交換の第一回交渉に入る
1875	8	40	*5-7* 千島・樺太交換条約調印。*8～9-* ヨーロッパを視察
1878	11	43	*7-26* 帰国の途に就く。*9-28* 小樽上陸。*10-21* 帰京
1880	13	45	*2-28* 海軍卿に就任
1881	14	46	*4-7* 海軍卿を免ぜられる
1882	15	47	*8-12* 駐清特命全権公使となる
1885	18	50	*10-11* 帰国。*12-22* 逓信大臣に就任
1887	20	52	*5-24* 子爵に列せられる
1889	22	54	*2-11* 文部大臣森有礼，暗殺。*3-22* 文部大臣に就任
1890	23	55	*5-17* 文部大臣を辞任，枢密顧問官となる
1891	24	56	*5-11* 大津事件発生。*5-29* 外務大臣に就任
1892	25	57	*8-8* 外務大臣を辞任，枢密顧問官となる
1894	27	59	*1-22* 農商務大臣に就任
1897	30	62	*3-29* 足尾鉱毒事件の責めを負い，農商務大臣を辞任
1908	41	71	*10-26* 死去

土方歳三とその時代

西暦	年号	齢	おもな事項
1835	天保6	1	武蔵国多摩郡石田村豪農土方隼人家四男に生まれる
1863	文久3	29	*2-* 土方歳三・近藤勇ら，上京浪士組の一員として上京，近藤グループは本隊と分離して残留，「壬生浪士」と呼ばれる。*6-3*「壬生浪士」と大坂相撲，大喧嘩。*8-18* 長州激派追放クーデタに新選組出動。*9-16* 芹沢鴨ら粛清される
1864	元治元	30	*6-5* 新選組，池田屋に斬込み。*7-19* 禁門の変に新選組出動。*9〜10-* 近藤勇，江戸にて隊員徴募
1865	慶応元	31	*3-10* 新選組，屯所を壬生から西本願寺に移す。*4-5* 土方ら江戸にて隊員徴募。閏*5-22* 将軍家茂，第二次長州征討のため入京，*5-24* 下坂
1866	2	32	*6-* 第二次長州征討開始，新選組は京都守衛を命ぜられる
1867	3	33	*3-20* 新選組より伊東甲子太郎ら御陵衛士グループ分離。*6-10* 新選組の面々幕臣となる。*6-15* 新選組，西本願寺を出て不動堂村の新屯所に移る。*10-* 土方ら江戸にて隊員徴募。*10-14* 大政奉還。*10-21* 土方ら江戸を出立，京都に向かう。*11-18* 新選組，伊東甲子太郎を殺害。*12-9* 王政復古クーデタ。*12-16* 新選組，伏見奉行所へ移動。*12-18* 近藤勇，御陵衛士グループに銃撃され重傷を負う
1868	4 (明治元)	34	*1-3〜6* 新選組，鳥羽・伏見戦争で犠牲者多数。*1-12〜15* 新選組，順動丸と富士山丸で東帰。*3-1* 甲陽鎮撫隊江戸出発，*3-2* 日野宿を通過，*3-6* 勝沼戦争で敗走。*3-15* 新選組，五兵衛新田に再起を図る。*4-3* 新選組，流山で新政府軍に包囲，近藤勇拘束される。*4-11* 江戸城明渡し，土方ら市川に脱走，大鳥圭介軍の先鋒隊となる。*4-19* 土方が参謀の先鋒隊，宇都宮城を陥落。*4-23* 新政府軍，宇都宮城を奪還，土方足に重傷を負う。*4-25* 近藤勇，板橋で斬首。閏*4-21* 新選組，白河城に入城，閏*4-25* 白河の東南白坂で新政府軍と闘う。*5-1* 新政府軍，白河城を奪還。*5-26〜7-15* 列藩同盟の白河城奪取戦に新選組も参加，成功せず。*8-21* 列藩同盟軍，母成峠の防衛戦に敗北，新選組も敗走。*9-3* 仙台城で列藩同盟の会議，土方は軍の統制につき演説。*9-22* 会津藩降伏。*10-12* 新選組，榎本艦隊に乗船，蝦夷地に赴き，*10-20* 鷲ノ木に上陸，土方は間道部隊を指揮，*10-26* 五稜郭占領。*11-1* 土方指揮の旧幕軍福山攻略戦に向かい，*11-6* 福山を陥落。*11-22* 土方軍，熊石に到着，蝦夷地平定。*12-22* 土方，陸軍奉行並に選出
1869	明治2	35	*3-25* 土方，宮古湾海戦に回天に乗船，参加するも失敗。*4-12〜29* 土方，二股峠で勇戦するも，退路を断たれるのを恐れ，五稜郭に退却。*5-11* 新政府軍，海陸両方より箱館総攻撃，この日土方は箱館一本木関門近くにて戦死

宮地正人(みやち まさと)
1944年生まれ
東京大学大学院人文科学研究科博士課程中途退学
専攻，日本近代史
元国立歴史民俗博物館館長(名誉教授)・東京大学名誉教授
主要著書
『国際政治下の近代日本』(山川出版社1987)
『幕末維新変革史(上・下)』(岩波書店2012)
『歴史のなかの『夜明け前』』(吉川弘文館2015)
『地域の視座から通史を撃て！』(校倉書房2016)
『幕末維新像の新展開』(花伝社2018)

日本史リブレット人 068
土方歳三《ひじかたとしぞう》と榎本武揚《えのもとたけあき》
幕臣たちの戊辰・箱館戦争

2018年7月25日　1版1刷　発行
2023年11月30日　1版3刷　発行

著者：宮地正人《みやちまさと》

発行者：野澤武史

発行所：株式会社 山川出版社

〒101－0047　東京都千代田区内神田1－13－13
電話　03(3293)8131(営業)
03(3293)8135(編集)
https://www.yamakawa.co.jp/

印刷所：明和印刷株式会社

製本所：株式会社 ブロケード

装幀：菊地信義

ISBN 978-4-634-54868-8

日本史リブレット 人

1 卑弥呼と台与——仁藤敦史
2 倭の五王——森　公章
3 蘇我大臣家——佐藤長門
4 聖徳太子——大平　聡
5 天智天皇——須原祥二
6 天武天皇と持統天皇——義江明子
7 聖武天皇——寺崎保広
8 行基——鈴木景二
9 藤原不比等——坂上康俊
10 大伴家持——鐘江宏之
11 桓武天皇——西本昌弘
12 空海——曾根正人
13 円仁と円珍——平野卓治
14 菅原道真——大隅清陽
15 藤原良房——今　正秀
16 宇多天皇と醍醐天皇——川尻秋生
17 平将門と藤原純友——下向井龍彦
18 源信と空也——新川登亀男
19 藤原道長——大津　透
20 清少納言と紫式部——丸山裕美子
21 後三条天皇——美川　圭
22 源義家——野口　実
23 奥州藤原三代——斉藤利男
24 後白河上皇——遠藤基郎
25 平清盛——上杉和彦
26 源頼朝——高橋典幸
27 重源と栄西——久野修義
28 法然——平　雅行
29 北条時政と北条政子——関　幸彦
30 藤原定家——五味文彦
31 後鳥羽上皇——杉橋隆夫
32 北条泰時——三田武繁
33 日蓮と一遍——佐々木馨
34 北条時宗と安達泰盛——福島金治
35 北条高時と金沢貞顕——永井　晋
36 足利尊氏と足利直義——山家浩樹
37 後醍醐天皇——本郷和人
38 北畠親房と今川了俊——近藤成一
39 足利義満——伊藤喜良
40 足利義政と日野富子——田端泰子
41 蓮如——神田千里
42 北条早雲——池上裕子
43 武田信玄と毛利元就——鴨川達夫
44 フランシスコ＝ザビエル——浅見雅一
45 織田信長——藤田達生
46 徳川家康——藤井讓治
47 後水尾院と東福門院——山口和夫
48 徳川光圀——鈴木暎一
49 徳川綱吉——福田千鶴
50 渋川春海——林　淳
51 徳川吉宗——大石　学
52 田沼意次——深谷克己
53 遠山景元——藤田　覚
54 酒井抱一——玉蟲敏子
55 葛飾北斎——大久保純一
56 塙保己一——高埜利彦
57 伊能忠敬——星埜由尚
58 近藤重蔵と近藤富蔵——谷本晃久
59 二宮尊徳——舟橋明宏
60 平田篤胤と佐藤信淵——小野　将
61 大原幽学と飯岡助五郎——高橋　敏
62 ケンペルとシーボルト——松井洋子
63 小林一茶——青木美智男
64 鶴屋南北——諏訪春雄
65 中山みき——小澤　浩
66 勝小吉と勝海舟——大口勇次郎
67 坂本龍馬——井上　勲
68 土方歳三と榎本武揚——宮地正人
69 徳川慶喜——松尾正人
70 木戸孝允——一坂太郎
71 西郷隆盛——徳永和喜
72 大久保利通——佐々木克
73 明治天皇と昭憲皇太后——佐々木隆
74 岩倉具視——坂本一登
75 後藤象二郎——村瀬信一
76 福澤諭吉と大隈重信——池田勇太
77 伊藤博文と山県有朋——西川　誠
78 井上馨——神山恒雄
79 河野広中と田中正造——田崎公司
80 尚泰——川畑　恵
81 森有礼と内村鑑三——狐塚裕子
82 重野安繹と久米邦武——松沢裕作
83 徳富蘇峰——中野目徹
84 岡倉天心と大川周明——塩出浩之
85 渋沢栄一——井上　潤
86 三野村利左衛門と益田孝——森田貴子
87 ボワソナード——池田眞朗
88 島地黙雷——山口輝臣
89 児玉源太郎——大澤博明
90 西園寺公望——永井　和
91 桂太郎と森鷗外——荒木康彦
92 高峰譲吉と豊田佐吉——鈴木　淳
93 平塚らいてう——差波亜紀子
94 原敬——季武嘉也
95 美濃部達吉と吉野作造——古川江里子
96 斎藤実——小林和幸
97 田中義一——加藤陽子
98 松岡洋右——田浦雅徳
99 溥儀——塚瀬　進
100 東条英機——古川隆久

〈白ヌキ数字は既刊〉